スピードマスター

株式売買で勝つための

移動平均線の読み方

監修
和島英樹

著者
テクニカル分析研究会

技術評論社

移動平均線は基本であり 分析が奥深いツール

　株式投資を実践する際に、重要な分析手法にテクニカル分析があります。

　テクニカル分析とは、株価などの推移を表したチャートを読み解くものです。チャートとは「海図」という意味です。株式市場という大海原に漕ぎ出していくのに、何の準備もしないのでは遭難してしまう可能性が高いので、海図を携えて行くことが不可欠です。

　テクニカル分析の肝は「トレンド（株価の方向性）は、それが終了するまで続く」というものです。簡単にいえば、上昇トレンドと判断すれば、それに乗って利益を出す。このトレンドを探ったり、転換点を見つけたりしようとするのがテクニカル分析です。

　テクニカル分析のツールには一目均衡表やボリンジャーバンド、ストキャスティクスにRSIなど、それこそ膨大な数の手法があり、これらをひとつひとつ極めていくには時間も労力もかかります。しかも、理論が先行しがちで、実践に役立てるのはさらにハードルが高いのです。しかし、テクニカル分析の本はたくさん出ていますが、押しなべて難解な傾向があります。ま

た、そもそも、テクニカル分析など役に立つのかと、懐疑的な目を向けられることも少なくありません。

　その点、本書に出てくるのは基本的に「株価の位置」と「移動平均線」だけです。移動平均線とは、たとえば25日移動平均線なら、25日間の終値の平均値をプロットし、それを毎日更新したもの。投資家の25日間の売買のコストを示しています。この移動平均線を5日線、75日線など2本、3本と組み合わせることで、トレンドの発生、終了などを探ることができます。

　テクニカル分析的に見ると、移動平均線分析は基本中の基本。そのため、基礎だけの指標と思われがちですが、移動平均線を熟知すればトレンドが見えてきます。実際の売買に活用するには、移動平均線分析だけで十分といえるほどです。

　いろいろなテクニカル分析に手を出して中途半端な知識だけで終わるくらいなら、1つの手法を極めた方が好結果を生みます。それに伴い、投資成果が向上する可能性が高まります。本書を読み進んでいただければ、移動平均線は分析が奥深いものであることがおわかりいただけるでしょう。

　投資初心者の皆さん、移動平均線分析という「海図」を手に、株式投資の成果をより上げてみようではありませんか。

2021年1月10日

和島英樹

contents

1章 概要 移動平均線って何？

2章
理論
移動平均線の基本的な使い方

5章 +α 実践的な移動平均線の応用方法

1章

概要

移動平均線って何?

この章では、テクニカル分析とは何か、移動平均線とは何か、そして移動平均線が何を示しているのかといった、基本的な知識を解説していきます

チャート画面にある
基本的な要素を知る

価格の変化が見える「チャート」の要素

　そもそもの移動平均線の話をしていく前に、まずは「チャート画面」に含まれる、基本的な要素をおさらいしておきましょう。

　チャートは主に4つの要素で構成されています。

要素①　縦軸＝価格

要素②　横軸＝時間

要素③　①と②によって示される時間ごとの「価格の推移」

要素④　移動平均線を始めとした「テクニカル指標」

　チャートの根本的な機能は「値動きの視覚化」です。過去から現在まで、株式の価格がどのような動きをしてきたかを、目に見える形で示しています。この価格＝株式の推移を表すために、縦軸（価格の上下）と横軸（期間）という2つの軸を組み合わせて、どの時期に株価がどの位置にあったかを明確にするのです。株価の推移がわかると、現在の株価と比較することで相対的に「高い・安い」が判断できるようになります。

　たとえば、現在の株価が1000円の銘柄があるとして、2日前の終値が800円、前日の終値が900円だったとすると、「2日連続で株価が上昇している」ということがわかります。一方で、2日前が1100円、前日が900円だったとすると、「株価が下降していたが、現在は持ち直した」ということがわかります。それぞれの状況は「現在の株価が1000円」という情報だけでは判断できません。

チャート画面と4つの要素

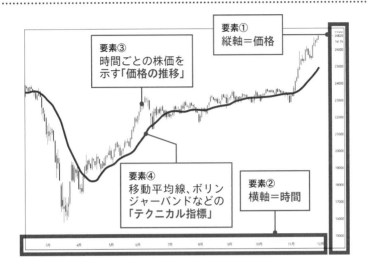

要素①
縦軸＝価格

要素③
時間ごとの株価を
示す「価格の推移」

要素④
移動平均線、ボリン
ジャーバンドなどの
「テクニカル指標」

要素②
横軸＝時間

価格の推移から見る「現在の価格」の状況

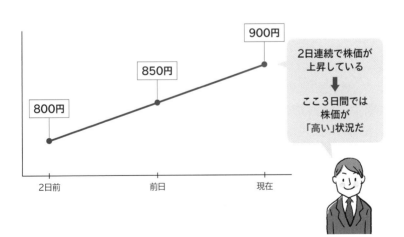

900円

850円

800円

2日連続で株価が
上昇している
↓
ここ3日間では
株価が
「高い」状況だ

2日前　　　前日　　　現在

チャートで値動きを可視化する

　現在の株価（現在値）だけでは状況を判断できないからこそ、**過去に株価がどのように動いてきたかを知る**ことが重要であり、その動きを理解しやすいように**チャートを使って値動きを視覚化させることが重要です**。

　株価を形で表示しているチャートは、いろいろと種類があり、右ページの図で表示しているのは、皆さんにもおなじみ「ローソク足」です。ほかにも、価格の推移を示す際に「ラインチャート」や「バーチャート」が用いられることがあります。

チャートは時間軸を設定できる

　チャートには**「時間軸」という考え方があり、13ページ上図のローソク足は「日足」に設定しています**。

　日足は1日分の値動きを1本のローソク足として表したもので、時間軸はほかにも「週足」「4時間足」「5分足」と設定することができます。

　数日の売買や長期投資の売買を行う際には日足チャートを見ることが多いですし、週足チャートや月足チャートは中長期投資を行う際に中長期的な株価の推移を把握するために利用します。株価チャートを見ることで、**値動きの習性やパターンを読み解いて、将来の株価予想の判断材料とすることができます**。

　最後に、このチャートでは移動平均線を表示していますが、こうした**任意でチャートに表示する補助的な指標のことを「テクニカル指標」といいます**。テクニカル指標は移動平均線のほか、ボリンジャーバンドやRSIなどたくさんの種類があります。

1時間足のチャートを見る

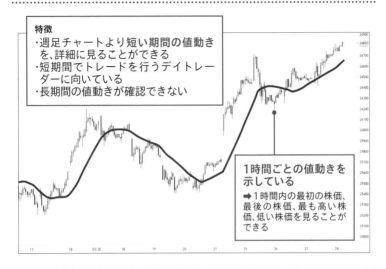

特徴
・週足チャートより短い期間の値動き を、詳細に見ることができる
・短期間でトレードを行うデイトレー ダーに向いている
・長期間の値動きが確認できない

1時間ごとの値動きを 示している
➡ 1時間内の最初の株価、 最後の株価、最も高い株 価、低い株価を見ることが できる

週足チャートを見る

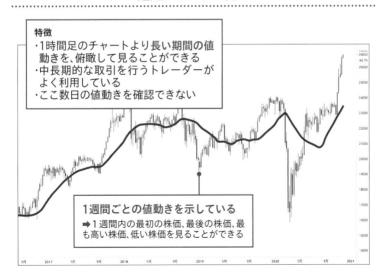

特徴
・1時間足のチャートより長い期間の値 動きを、俯瞰して見ることができる
・中長期的な取引を行うトレーダーが よく利用している
・ここ数日の値動きを確認できない

1週間ごとの値動きを示している
➡ 1週間内の最初の株価、最後の株価、最 も高い株価、低い株価を見ることができる

概要
02
テクニカル分析で
何がわかるのか

テクニカル指標で株価の動きを予想する

　　テクニカル分析とは、チャートから読み取れる4つの「過去の情報」（価格、時間、価格の推移、テクニカル指標。13ページ参照）から、「将来の株価の動向」を予測する分析手法のことです。

　　たとえば、Aという銘柄が1カ月前に2000円の高値（ある期間で最も高い値段）を付けたとして、そこから株価が下降し、10日前に1900円の安値（ある期間でもっとも安い値段）を付け、現在の株価が1980円だとします。この動きを図にすると右ページのようになります。「現在の株価が1980円」という情報だけでは、今後株価がどの方向に動くのかを予想することは難しいです。ただ、このように過去の高値、安値がわかれば「いまは上昇途中にあるが、今後2000円の高値が意識されて反発しそうだ」「仮に高値を超えることがあれば、さらにトレンドが続きそうだ」などという予想ができるようになります。

　　さらに右ページの図に移動平均線などのテクニカル指標を足すことで、予想の精度をより高めることができます。仮に表示させた移動平均線が上向きであれば「一度2000円の高値で反発し、移動平均線が支えとなって上昇トレンドが続きそうだ」という判断ができます。テクニカル分析を行うことで必ず勝てるわけではありませんが、少なくとも、**ランダムに見える値動きから一定の規則性を見出し、理解しやすくなるのです。**

チャートとテクニカル指標で値動きを予想する

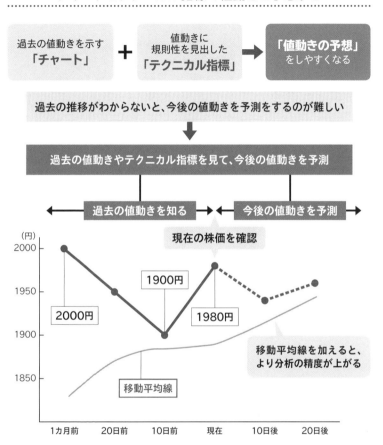

過去の値動きを示す **「チャート」** ＋ 値動きに規則性を見出した **「テクニカル指標」** → **「値動きの予想」** をしやすくなる

過去の推移がわからないと、今後の値動きを予測をするのが難しい

過去の値動きやテクニカル指標を見て、今後の値動きを予測

過去の値動きを知る ← → 今後の値動きを予測

（円）
2000
1950
1900
1850

現在の株価を確認

1900円
2000円
1980円
移動平均線
移動平均線を加えると、より分析の精度が上がる

1カ月前　20日前　10日前　現在　10日後　20日後

現在の株価だけでは、株価が「高い」のか、「安い」のか、わからない

↓

**チャートとテクニカル指標から値動きの特徴を掴み、
よりよい買うタイミング、売るタイミングを予測する**

03

チャートはすべての要因を含んで動いている

テクニカル指標がファンダメンタルズ分析の精度を上げる

世の中には投資を行う際に、企業の業績などを示す「ファンダメンタルズ」だけを見て取引する人もいます。ファンダメンタルズ分析に余計な判断材料を入れたくないからでしょうが、基本的にはファンダメンタルズとテクニカル、どちらも参考にするべきです。**チャートは過去から現在までの株価の推移を示しています。**つまり、チャートを確認すると「現在の株価の相対的な位置」が一目でわかるのです。

「チャートはすべてを織り込む」値動きの要

また、チャートは、業績や外部環境のよし悪し、相場参加者の心理など、すべての要因の「結果」です。「チャートはすべてを織り込む」という投資の格言がありますが、ファンダメンタルズの判断も、チャートを含めて判断しないと機能しないことも多いのです。

たとえば、コロナショックで日経平均は一時1万6000円台まで下げました。そこから反転して上がっていくのか、それともさらに下げるかは新規感染者数の増減や世界の動向など、ファンダメンタルズの要因だけでは判断が難しい状況でした。

ただ、右ページの図のように**チャートに移動平均線を引くと、はっきりと転換が示されていたことがわかります。**視点を1つ足だけでシンプルに判断できる場面も多いのです。

チャートに含まれる要因

チャート

- ・企業の業績
- ・自然災害
- ・世界規模の感染症
- ・相場参加者の心理
- ・物価の高騰
- ・主要国の大統領交代など

➡ **社会で起こっているすべてのことがチャートに反映されている**

移動平均線が示す転換点

テクニカル指標
- ・移動平均線
- ・ボリンジャーバンド
- ・一目均衡表
など

ファンダメンタルズ
- ・経済成長率
- ・物価上昇率
- ・企業の業績
など

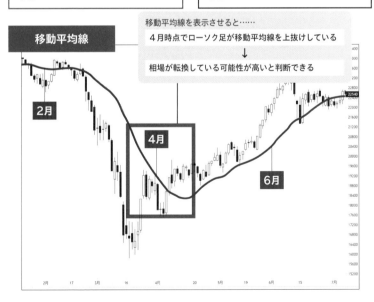

移動平均線を表示させると……

4月時点でローソク足が移動平均線を上抜けしている

↓

相場が転換している可能性が高いと判断できる

移動平均線

2月

4月

6月

19

移動平均線の強みは
シンプルさと有用性

移動平均線の始まりは約100年前

12ページで解説したように、移動平均線は「テクニカル指標」の一種です。テクニカル指標にもいろいろな種類があり、「株価をもとに計算されている」ことを除いては、形状や計算式など、それぞれでまったく異なる特徴があります。

移動平均線はテクニカル指標の中でもかなり古い歴史があり、**日本では約100年前の大正時代、アメリカでは85年前に移動平均線を活用したチャート分析の解説がされています**。移動平均線が本格的に金融業界で知られるようになったのは、米国の投資ライターであるジョセフ・グランビルが著書『グランビルの投資法則―株価変動を最大に活用する戦略』（1962年発刊）で紹介して以降でした。

勝ちトレードにつなげやすい移動平均線

移動平均線が発明されて以降、さまざまなテクニカル指標が世の中に出てきましたが、現在でも相場で使われ続けているのは、「**非常にシンプルなしくみだから**」というのが一因でしょう。もっともシンプルな移動平均線は「単純移動平均線（Simple Moving Average）」と呼ばれ、**足し算と割り算さえできれば誰でも計算することができます**。その有用性の高さから、誕生から100年たった現在でも、移動平均線を採用していないチャートツールは存在しないほど、広く使われています。

1930年代のチャートと移動平均線

1935年にアメリカの投資情報誌「Stock Market Technique」に掲載された図

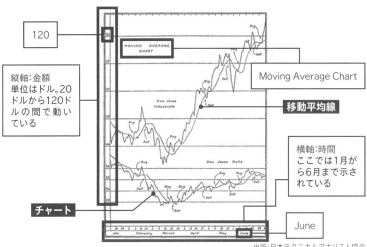

120

縦軸:金額
単位はドル。20
ドルから120ド
ルの間で動い
ている

Moving Average Chart

移動平均線

横軸:時間
ここでは1月か
ら6月まで示さ
れている

チャート

June

出所:日本テクニカルアナリスト協会

移動平均線を広めた人々

日本

**岩谷楽泉
「期米観測楽泉秘録」**
(1913年発刊)

➡平均引という名前で移動平均線
を紹介

**阿部熹作
「最新罫線株米大勢測定口伝」**
(1916年発刊)

➡3日移動平均線を紹介

米国

**リチャード・ワイコフ
「Stock Market Technique」**
(投資情報誌、1935年9-10月号)

➡ダウ工業株30種平均の移動平均
線を紹介

**ジョセフ・グランビル
「Granville's New Strategy
of Daily Stock Market
Timing for Maximum Prot」**
(1960年発刊)

➡2年後に日本語に訳される

概要

05
相場の心理を反映する移動平均線

ITの進化によってより身近になった移動平均線

　情報技術が発達した現代において、どの証券会社のチャートツールでも、「時間軸を自由に変更する」「好きなテクニカル指標を使う」「チャート上にラインを引く」というような作業は、PCやスマートフォンでも簡単にできます。

　ただ、チャートツールがここまで便利になったのは、PCが普及したここ30 〜 40年程度の話です。それ以前は、**その日1日の値動きを参考に、罫線表に日足のローソク足を書いたり、終値を使ったりして毎日移動平均線を計算して書き入れていた**のです。

テクニカル指標は相場の心理も反映する

　もちろん、当時からほかのテクニカル指標も存在していましたが、**シンプルな計算式を使う移動平均線が、株式市場で長年使われ、現在でもテクニカルの「スタンダード」として生き残りました**。

　長く生き残っているということは、移動平均線が**金融のプロから個人投資家まで幅広い層に「意識されている」**といい換えることもできます。株価は相場の心理で変動しているため、相場心理の理解は売買判断をする上で非常に大切です。だからこそ相場の心理を反映し、かつシンプルで使いやすい移動平均線は、投資効率を上げることのできる効果的な指標なのです。

シンプルさで生き残った移動平均線

かつてのテクニカル指標

- 30〜40年前までは個人投資家も金融ディーラーも、ローソク足や移動平均線を手書きしていた
- ほかにもテクニカル指標は存在していたが、計算が複雑なものが多く毎日手書きするのは手間

➡ **シンプルな計算の移動平均線がよく使われた**

現在のテクニカル指標

手書きの時代から長年使われてきたことで、移動平均線がテクニカル指標のスタンダードになっている

多くの投資家に意識される指標

相場の心理を反映している移動平均線が
株式市場で長く生き残っている

＝

移動平均線が幅広い層の投資家に意識されている

多くの人に意識されている
移動平均線を用いた投資は効率がよい

06

移動平均線でわかる
現在の価格の傾向

現在の株価の傾向を把握できる

　移動平均線を使うメリットはいくつかありますが、そのうちの1つが「現在の株価の傾向」を大まかに把握できるという点です。

　皆さんもすでに知っているように、株価というのは常に上下していて、一定ではありません。これは、相場に買いたい人と売りたい人の両方がいて、**「少し株価が上昇したら利確で売りたい人」**や**「株価がさらに上昇すると考えて買いたい人」**というように、**それぞれの注文が合致することで、株価が変動する**のです（例外的にストップ高・安などの措置が取られると、株価が変動しないこともあります）。

意識されるのはあくまで「相場の心理」

　「株価は常に変動するもの」この事実を踏まえると、将来的に株価が上昇するのか、それとも下降するのかを判断するためには「基準」が必要です。たとえばファンダメンタルズ分析であれば、「業績が順調に伸びているのに、株価は割安で放置されているので、きっかけさえあれば上昇する可能性が高い」というように、業績を基準として相対的に株価がどの位置にあるかを判断します。テクニカル分析の場合、16ページで説明したように、前回の高値も現在の株価の位置を相対的に判断する材料になりますが、**高値や安値も値動きの1つの形であり、意識されるのはあくまで「相場の心理」でしかありません。**

常に変化する株価

—— 移動平均線を使うメリット ——

「現在の株価の傾向」を大まかに把握できる

〈ズーム(6694)　日足　2020年4月～12月〉

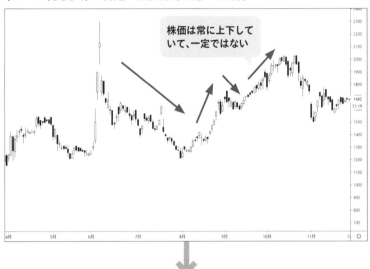

株価は常に上下していて、一定ではない

⬇

相場には「売りたい人」と「買いたい人」の両方が存在し、その注文が合致すると株価が変動する

ココが
Point!

高値や安値はあくまで株価の位置を相対的に判断する材料

25

移動平均線と株価との位置関係を見る

　一方、移動平均線を表示することでわかるのは「N期間の株価の平均値」です。たとえば、あるクラス全体のテストの成績がどのような状況かを知りたいとき、上位数名の成績だけを見て「このクラスは優秀だ」という判断ではなく、クラス全員の成績を平均して比較します。また、平均値を算出することで、個別の成績が「平均値から高いのか、低いのか」ということも判断することができます。

　株価もこれと同じで、移動平均線を表示することで「N期間の平均値がどの位置にあるのか？」「現在の株価が平均値から見てどの位置にあるのか？」という2つの視点を、相対的に判断できるようになります。

　つまり、移動平均線をチャートに表示することによって、現在の株価との位置関係から、**移動平均線の下ならば「売られている」、移動平均線の上にあるならば「買われている」ということが、大まかに把握できる**ようになるのです。

全体の流れを把握することが肝心

　チャート分析ではこの「大まかに流れを把握する」ということは非常に重要で、たとえばトレンド方向に沿って売買を行う「順張り」手法では、**相場で上昇トレンドが発生しているときに、タイミングを見計らって買いエントリーを行います**。そのため、順張りでは「今がどのようなトレンドにあるか」を見誤ると、下降トレンドが続いている最中に買ってしまう、もしくは上昇トレンドが続いているのに売ってしまうという判断になるため、全体の流れを把握することが肝心です。

　これは、ローソク足だけを表示しているチャートでは読み取りづらく、移動平均線が相場で長年使われ続けている理由の1つです。

現在の株価の位置がわかる

移動平均線からわかること

・N期間の平均値がどの位置にあるのか
・現在の株価が平均値から見てどの位置にあるのか
上記2つの点を相対的に判断する

・株価が移動平均線の下ならば「売られている」
・株価が移動平均線の上ならば「買われている」

〈任天堂(7974) 日足 2019年11月〜2020年6月〉

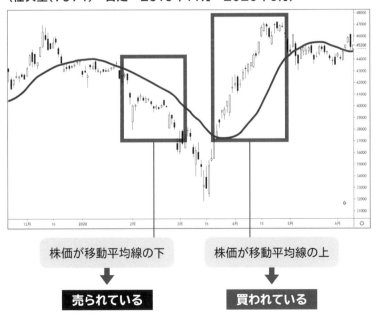

株価が移動平均線の下
↓
売られている

株価が移動平均線の上
↓
買われている

移動平均線でわかる 今後のトレンド

トレンドは大きく3つに分けられる

移動平均線を表示するもう1つのメリットとして、「トレンドを視覚化できる」という点があります。株価は常に変動していて、ローソク足だけを見ていると、一見ランダムに動いているようにも感じますが、値動きは**大まかに「上昇トレンド」「レンジ」「下降トレンド」の3つの状態に分けることができます。**

トレンドというのは、株価が上下どちらかの方向に値動きがしばらく続く状態で、上方向のトレンドを「上昇トレンド」、下方向のトレンドを「下降トレンド」と呼びます。レンジはトレンドの逆で、どちらの方向にもトレンドが出ずに株価が横ばいで変動する状態を指します。

大きな視点で見ると、株価というのはこの3つの状態を繰り返しながら変動していて、テクニカル分析においても、トレンドとレンジをどのように判断するのかが非常に重要です。

トレンド中も株価は上下する

ただ、値動きが3つの状態に分けられるといっても、たとえば**上昇トレンドが発生している際の株価の動きを見ると、細かく上下を繰り返しながらトレンドを形成していきます。**そのため、上昇が続いたあとに少し下げてくると「ここで上昇トレンドが終了するのか、継続するのか」はローソク足だけでは判断が難しい場面も多くあります。

株価の3つのトレンド

〈エムスリー(2413) 日足 2020年3月〜9月〉

上方向に値動きが続く
「上昇トレンド」

〈KDDI(9433) 日足 2020年3月〜10月〉

下方向に値動きが続く
「下降トレンド」

株価が横ばいで推移
する「レンジ」

トレンドの有無を判断できる

そうしたときに、移動平均線を表示することでトレンドの有無を判断する際の補助が可能になります。というのも、移動平均線はあくまで平均値をつないだ線なので、細かく上下する値動きに対して、比較的滑らかに変動していきます。

とくにトレンドが発生していると、値動きは上下しつつ、どちらかの方向に「買う人と売る人」のバランスが偏っていきます。このときの値動きの平均値はトレンドの出ている方向に徐々に傾いていくわけですから、**移動平均線が上向き（もしくは下向き）になるということは、平均値が上昇（下降）している**わけで、この状態こそ「トレンドが発生している」と判断できるのです。

トレンドを視覚化して捉える

つまり、移動平均線を表示しその向きを見ることで、トレンドの有無が明確に区別し、「トレンドを視覚化する」ことができるのです。

したがって、先ほどの例でいえば、株価が上昇したあとに少し下げても、移動平均線の上向きが継続しそうであれば、**一時的な下げは「押し目（上昇トレンドが続いている株価が一時的に下落すること）」となり、さらに上昇トレンドが続く可能性が高いので、こうした状況はむしろ買いエントリーの絶好のタイミング**です。

反対に、株価が移動平均線の上で推移していても、それまで上向きだった移動平均線が徐々に横ばいになる、もしくは下向いてきているような状況では、N期間の中で買いが徐々に減ってきているということであり、「そろそろ上昇トレンドも終わりに近づいてきている」と判断できます。

移動平均線でトレンドを見る

〈ソニー(6758) 日足 2020年3月～10月〉

上昇トレンド中でも、
値動きは上下している
ため「押し目」ができる

上昇トレンド

〈楽天(4755) 日足 2019年11月～2020年10月〉

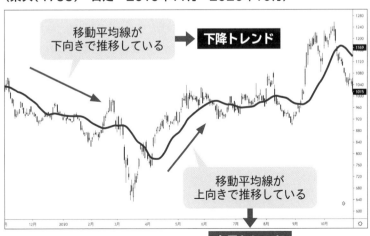

移動平均線が
下向きで推移している → **下降トレンド**

移動平均線が
上向きで推移している

上昇トレンド

移動平均線の
具体的なしくみを知る

移動平均線は平均値をむすんだ線

　移動平均線はその名の通り「平均値を移動させた線」です。移動平均線にもいくつか種類がありますが、20ページで紹介した移動平均線は「N期間の株価（多くは終値）の平均値を計算し、それをつなげる」しくみです。5日間の終値を平均し、それをつなげると「5日移動平均線」、100日間の平均をつなげると「100日移動平均線」となります。

○日間の平均をつなぐと○日移動平均線ができる

　たとえば、5日間の終値がそれぞれ、「1000円、1100円、900円、950円、1050円」だとします。**これを平均すると1000円となるので、チャートの1000円に点を打ち、これが5日移動平均線のスタートとなります。**さらに、次の日（6日目）の終値が1100円だとすると、2日目から6日目の終値はそれぞれ「1100円、900円、950円、1050円、1100円」で、この平均値は1020円となるので、チャートの1020円に点を打ちます。

　同様に、7日目の終値が1200円だとすると、3日目から7日目の終値は「900円、950円、1050円、1100円、1200円」で平均値は1040円となるので、チャートの1040円に点を打ちます。**これらの点をむすんだものが移動平均線で、5日移動平均線も100日移動平均線も、平均を取る期間が異なるだけでしくみとしては同じです。**

移動平均線の作りかた

ある7日間の5日移動平均線を作成する

1日目	2日目	3日目	4日目	5日目	6日目	7日目
1000円	1100円	900円	950円	1050円	1100円	1200円

平均値:1000円 ❶

平均値:1020円 ❷

平均値:1040円 ❸

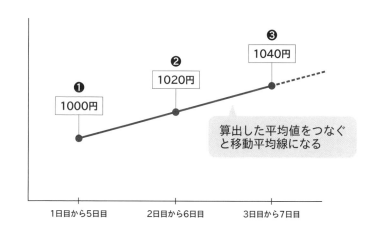

❸
1040円

❷
1020円

❶
1000円

算出した平均値をつなぐと移動平均線になる

1日目から5日目　　2日目から6日目　　3日目から7日目

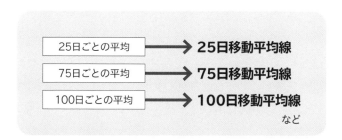

25日ごとの平均	⟶	**25日移動平均線**
75日ごとの平均	⟶	**75日移動平均線**
100日ごとの平均	⟶	**100日移動平均線**

など

テクニカル指標で「勝てる場所」を探る

テクニカル指標でこれまでの傾向を示している

　移動平均線を始めとして、ボリンジャーバンドや一目均衡表、RSIやMACDなど、すべてのテクニカル指標は**「過去から現在の株価をもとに計算されている」**という点で共通しています。

　だからこそ、明日の株価がいくらになっているのか、誰にもわからないのと同様に（それがわかれば億万長者です）、テクニカル指標を使ってわかるのは「株価が過去から現在にかけて、どの位置にあるのか？どの方向に向かう可能性が高いのか？」という情報だけです。

　つまり、**テクニカル指標を使っても未来の株価の位置を当てることはできません。**

テクニカル指標で「勝てる場所」に資金を投じる

　とはいえ、株価の方向性や相対的な位置などの情報は扱い方次第で投資成績の向上につなげることができます。投資家それぞれで使う手法に違いはあれど、投資というのは突き詰めると「エントリー」と「決済」という2つのボタンを押すだけの行為です。

　その意味で、目をつぶって投資したときの勝敗は五分五分ですが、**株価の位置や方向性がわかれば勝率を60％、70％に上げることができるのです。**「勝てる場所」に資金を投じる、これは勝っている投資家に共通するスタンスです。

値動きを計算したテクニカル指標の例

── ボリンジャーバンド ──

移動平均線と標準偏差で構成されている上下の値動きの幅を示す線

── 一目均衡表 ──

「ローソク足」と「5つの線」で構成されている日本発のテクニカル指標

── RSI (Relative Strength Index) ──

買われすぎか、売られすぎかを判断するための指標

$$RSI = \frac{\boxed{A}}{\boxed{A} + \boxed{B}} \times 100$$

A ○日間の値上がり幅の平均
B ○日間の値下がり幅の平均

株価の方向性を理解し投資成績を上げる

株投資を始める

情報に触れず、投資をする

目をつぶって投資をしたとき、勝敗は五分五分

投資は……
「エントリー」と「決済」の2つのボタンを押すだけ
▼
根拠をもって行うことが「勝ち」につながる

株価情報などに敏感になり、投資をする

株価の位置や方向性がわかる

過去の株価の変化や現在の社会状況などから、将来どうなるか予測できる

勝率を60%、70%に上げることができる

35

ローソク足は日本発祥

　ローソク足は始値、終値、高値、安値の4つの価格を1本の足としてチャートに表示するため、組み合わせ次第で複雑に形を変えています。そのためローソク足は「価格そのもの」に注目することで多様な分析ができる優れたツールといえます。

　ローソク足は江戸時代に出羽国（現在の山形県）出身の相場師、本間宗久が発案したといわれています。18世紀にローソク足が相場で使われ始め、少なくとも200年以上の歴史があります。もともと海外ではバーチャートでの分析が主流でしたが、1990年代にローソク足の解説書が海外で発売されて以降、価格の上昇や下降が視覚的に把握しやすいことが認知され、世界中に広まりました。

　現在、ローソク足は海外でも「キャンドルスティックチャート」として親しまれています。

バーチャートで株価の変動を見る

〈三井物産（8031）　日足　2020年11月〜12月〉

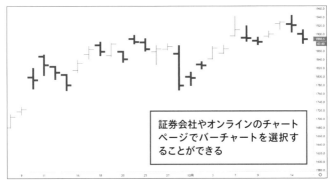

証券会社やオンラインのチャートページでバーチャートを選択することができる

2章

理論

移動平均線の
基本的な使い方

この章では、移動平均線の基本的な使い方、考え方を解説していきます。ローソク足などと併せて、効果的に活用する方法を学んでいきましょう

移動平均線を使う メリットを知る

多くの人に選ばれているテクニカル指標を使う

　証券会社で使うことができるテクニカル指標は、移動平均線、ボリンジャーバンド、RSI、MACDなどたくさんの種類があります。本書は移動平均線に焦点を当てた解説書ですが、ほかのいわゆる「チャートの教科書」的な書籍では、あまり知られていないテクニカル指標を含め、幅広く解説されていることが多く、結局読者が何を使えばよいのか、わかりづらくなっています。確かにテクニカル指標は種類によってそれぞれ分析のアプローチがまったく異なるため、最終的な結論として「自分の手法に合ったものを選ぶべき」ではあります。ただ、それを前提として、テクニカル指標を選ぶ際に1つだけいえるのは**「多くの人に選ばれているテクニカル指標を使うほうがよい」**ということです。

移動平均線で投資家とイメージを共有する

　株価を動かす要因はいろいろとありますが、その中でも市場参加者の心理は大きな比重を占めています。移動平均線は、**個人投資家からプロまで幅広く相場で使われている、「テクニカル指標のスタンダード」**です。つまり、相場に参加する大多数の人が「価格が移動平均線を上抜けた」とか「そろそろ移動平均線に近づいているから反発するかもしれない」というイメージを共有しているのです。その**イメージを多くの人が共有しているからこそ、実際に株価が反応することが多い**のです。

証券会社のチャート画面の例

証券会社のチャート画面で、移動平均線などのテクニカル指標を確認する

SBI証券の場合

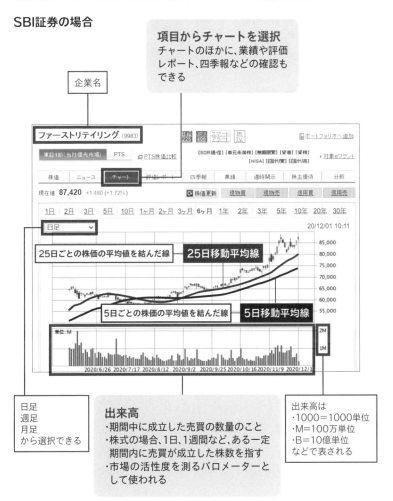

項目からチャートを選択
チャートのほかに、業績や評価レポート、四季報などの確認もできる

企業名

出来高
・期間中に成立した売買の数量のこと
・株式の場合、1日、1週間など、ある一定期間内に売買が成立した株数を指す
・市場の活性度を測るバロメーターとして使われる

日足
週足
月足
から選択できる

出来高は
・1000＝1000単位
・M＝100万単位
・B＝10億単位
などで表される

出所：SBI証券

ローソク足の基本
をおさらいする

ローソク足の「陽線」と「陰線」

　移動平均線はもちろん、すべてのテクニカル指標は「株価」をもとに計算されています。だからこそ、テクニカルの基本は株価の値動きそのものを分析することにつながります。

　まず、ローソク足は右ページの図のように **「始値」「終値」「高値」「安値」という4つの価格でできています**。「時間軸」の話で解説したように、4つの価格は1日、1週間、4時間、5分といった、事前に設定した時間軸ごとに区切ります。そのため、日足で表示するローソク足は1日の株価の動きから、5分足では5分の中の株価の動きから4つの価格を集計して、1本のローソク足として表示します。

　ローソク足を使った分析では、まず「陽線」と「陰線」を見ます。陽線は **終値が始値よりも上で確定したローソク足のことで、陰線は反対に終値が始値よりも下で終わった状態です**。たとえば日足で始値が1000円のローソク足を考えてみましょう。市場が開いてから最終的に1100円の価格で終わればローソク足は陽線となり、「1日の値動きが買われて終わった」ということを示します。

　反対に終値が900円で確定すると「1日の値動きが売られて終わった」ということを示します。このように、ローソク足が陽線か陰線かを見るだけでも「1つの時間軸の間で、どのような値動きがあったのか」を視覚的に判断できるのです。

・・・

ローソク足の「陽線」と「陰線」

・・・

陽線(日足チャートの場合)

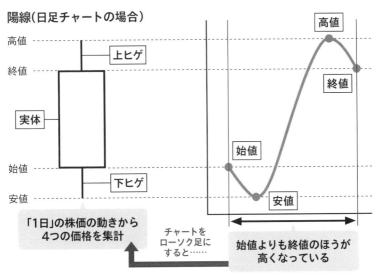

「1日」の株価の動きから
4つの価格を集計

チャートを
ローソク足に
すると……

始値よりも終値のほうが
高くなっている

陰線(日足チャートの場合)

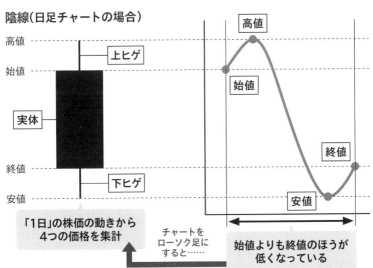

「1日」の株価の動きから
4つの価格を集計

チャートを
ローソク足に
すると……

始値よりも終値のほうが
低くなっている

ローソク足の「高値」と「安値」

　また、陽線・陰線については始値と終値を見るだけで判断できますが、ここに高値と安値を加えることで、値動きをさらに細かく確認することができます。

　右ページの上図のようなローソク足はどのような動きを示しているか考えてみましょう。まず、先ほどのように始値と終値の関係を見ると、終値が始値よりも上で確定しているので、このローソク足が陽線であることは判断できます。

　ただ、このローソク足には終値の上に長い棒が付いていて、これは「ヒゲ」と呼ばれるパーツです。**始値よりも上に付いているヒゲは高値の位置を示していて、終値と高値が違う位置にあるということが判断できます。**

　右ページの下図は先ほどのローソク足の値動きを1本の線で表したもので、長い上方向のヒゲが付いた陽線は**「始値から一時的に大きく買われたが、すぐに売りが出て少し押し戻された」**という値動きがあったことを示しています。

ローソク足の「上ヒゲ」と「下ヒゲ」

　ヒゲは下方向にも付くので、先ほどの陽線と陰線の2パターンに加えて、上ヒゲ・下ヒゲ（41ページ参照）の有無を踏まえると分析の幅が大きく広がります。

　日本にはこうした**ローソク足の形状や、複数組み合わせてローソク足のパターンから値動きを探る「酒田五法」という分析手法もあります（58ページ参照）。**

　ローソク足を知ることはまさにすべてのテクニカル分析の基礎となるのです。

ローソク足が示す値動き

ローソク足の見方

① 右のローソク足は陽線
➡終値が始値よりも上で確定

② 始値よりも上に付いている
ヒゲ:高値
➡終値と高値が違う位置にある

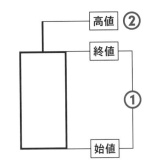

高値 ②

終値

①

始値

このローソク足を一本の線で表すと……

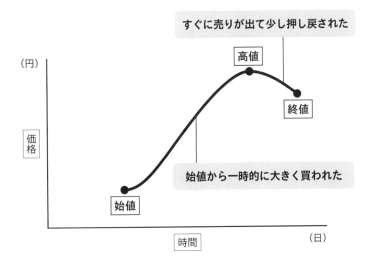

すぐに売りが出て少し押し戻された

高値

終値

（円）

価格

始値から一時的に大きく買われた

始値

時間

（日）

43

ローソク足の予想
を補完する

株価の動きを分析する

　42ページと関連して、テクニカル分析において重要なのは**「株価が
どのように動くか」を考えることです**。その意味で、まずローソク足そ
のものを詳しく分析する必要があります。

　よく勘違いされがちですが、テクニカル指標はそうした値動きの分析
を補助するために使うものなのです。

株価の動きには相場心理が影響している

　たとえば、右ページの図のように上向きの動きがしばらく続いたあと
に、比較的長い上ヒゲのある陰線が出たとします。このような状況とい
うのは、相場心理として「しばらく上昇トレンドが続いたし、そろそろ
反転するだろう……」と考える人や、反対に「上昇トレンドはまだまだ
強いし、一度下げたら新規で買うチャンスだ」と考える人など、**相場に
参加する人それぞれで判断が異なり、値動きも複雑になりがちです。**

　つまり**直前のローソク足だけを見ても、トレンドが継続するのかどう
か判断が難しいことが多いのです。**

　もちろんローソク足に着目する分析が無意味というわけではなく、酒
田五法やチャートパターンを使って値動きそのものに注目することは重
要ですし、むしろこちらがテクニカル分析の「メイン」であることには
間違いありません。

ローソク足だけではトレンドの判断は難しい

〈トヨタ自動車（7203）　日足　2020年7月〜10月〉

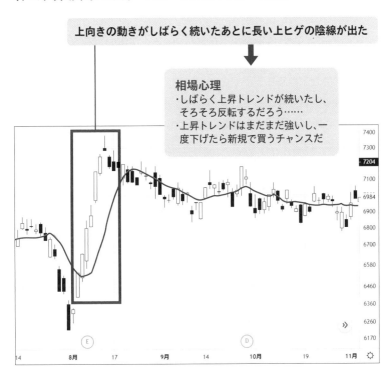

上向きの動きがしばらく続いたあとに長い上ヒゲの陰線が出た

相場心理
・しばらく上昇トレンドが続いたし、そろそろ反転するだろう……
・上昇トレンドはまだまだ強いし、一度下げたら新規で買うチャンスだ

相場に参加する人それぞれで判断が異なり、値動きも複雑になりがち

→ **直前のローソク足だけを見ても、トレンドが継続するのかどうか判断が難しい**

移動平均線で値動き予測の精度を高める

ただ、値動きの分析にテクニカル指標を加えることで、さらに分析の精度を上げることができます。

その中でも**移動平均線はもっともシンプルで分析に組み込みやすい指標なのです**。その意味で、移動平均線は値動きを分析して今後の予想を補完し精度を高めることができます。

もう少し詳しく説明しておくと、右ページの図で「上向きの動きがしばらく続いたあとに、比較的長い陰線が出た」とありますが、ここで出た陰線を含めて直近のローソク足の形状が「宵の明星」だったとします。

宵の明星は酒田五法において相場の天井を示す典型的なパターンなので、ローソク足の形状だけを見ると「そろそろ天井か」という判断になり、売りが出やすい状況です。

チャートを2つの視点で分析する

ただ、ここに移動平均線を表示させた場合、「現状の値動きはまだ平均値よりも上」という判断ができます。今後、移動平均線付近に一度調整してから、再び上昇トレンドが継続する可能性も十分にあるのです。

そうであれば、すでに下から買って含み益が出ている場合、一部は利確しての移動平均線を下抜けるまでは保有するというような判断ができます。移動平均線で上方向に反発するのを待ってから新規で買うという判断することも可能です。反対に新規で空売りを行う場合も、宵の明星だけを判断材料とするには少し根拠が足りないので、移動平均線を下抜けるまで待てばよいのです。

つまり、**移動平均線を加えると、チャートを「値動き」と「移動平均線」という2つの視点で分析することができるため、より客観的に相場を見ることにつながるのです**。

株価の推移を2つの視点で分析する

〈ソフトバンクグループ（9984）　日足　2020年5月～9月〉

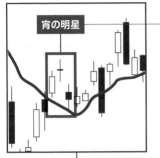

宵の明星

相場の天井を示す
売りのサイン

宵の明星
長い陽線のあと、短いローソク足、長い陰線が続くパターンで上昇トレンドの終わりを示唆するサイン

ローソク足の形状だけを見る場合		移動平均線を表示させた場合
「そろそろ天井か」と判断をし、下落を予測する	⟷	「現状の値動きはまだ平均値よりも上」と判断し上昇も予測できる

2つの視点で分析することができるため、
より客観的に相場を見ることにつながる

47

ローソク足と併せて
トレンドの確認に使う

移動平均線をトレンドの確認に活用する

「補完する」という意味では、移動平均線は44ページから解説した売買判断のほか、ローソク足と併せてトレンドの確認にも使うことができます。

株取引を行う際、**「今の株価がトレンドにあるかどうか」を判断する**ことは非常に重要です。順張りの手法で取引する場合、そもそもトレンドが出ていなければまったく利益につながりませんし、反対にトレンドが出ている相場で逆張り手法を使ってエントリーしてしまうと、損切りが続いてしまいます。その意味で、**トレンドの有無を把握することは損益に直接関係してくる重要な要素**といえます。

そのためのもっともポピュラーな方法として、ローソク足（値動き）を使った**「ダウ理論」**があります。

ダウ理論をトレンド把握に活用する

ダウ理論は、19世紀後半に活躍した米国の金融ジャーナリスト、チャールズ・ダウの構築した「チャート分析理論」を6つにまとめたものです。その中の1つに「トレンド継続の条件」について述べたものがあります。

この理論は**株式相場でも広く知られていて、値動きを見てトレンドを確認する際には必ず意識しておく必要があります。**

ダウ理論のトレンド継続の見分け方

ダウ理論は、株価の値動きとトレンドに着目したチャート分析理論である

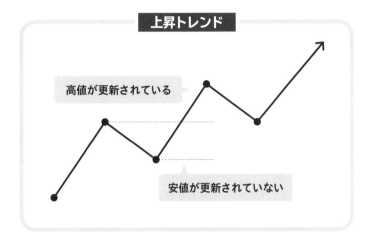

上昇トレンド

高値が更新されている

安値が更新されていない

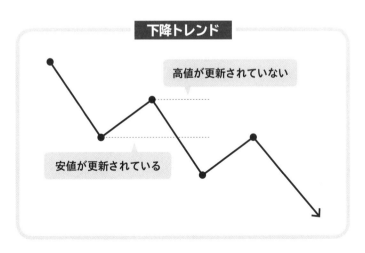

下降トレンド

高値が更新されていない

安値が更新されている

ダウ理論におけるトレンド継続の考え方を知る

　考え方としては非常にシンプルで、上昇トレンドの場合、直近の値動きが前回の安値を更新せず、かつ前回の高値を更新した場合、「上昇トレンドが継続した」と判断します。下降トレンドの場合は直近の高値を更新せず、直近の安値を更新した場合は「下降トレンドが継続した」と判断します。**つまり、上下ともにこの状態が続く限り「トレンド相場」と考えるのです。**

　逆に、上昇トレンドにあった株価が直近の安値を更新する、下降トレンドにあった株価が直近の高値を更新した場合はトレンドが終了（もしくは転換する）と判断します。

　これがダウ理論におけるトレンド継続の基本的な考え方です。もちろん株式相場ではトレンド継続の条件を満たしたからといって必ずそうなるわけではありません。

　しかし、**ダウ理論も移動平均線と同様に広く相場で共有されていることから、トレンドの有無を確認していく上で、基本的な判断材料になるのです。**

移動平均線とダウ理論を組み合わせる

　また、**ここに移動平均線を加えると、分析の精度をより高めることができます。**たとえば直近の安値と高値が確定し、高値を抜ければ上昇トレンド継続になる場合、表示した移動平均線が上向きのままであれば、株価が少し下がって移動平均線に近づいたとしても、押し目を付けてそのまま上昇トレンドが継続する可能性が高いと判断できます。

　また、トレンド継続の条件が崩れた場合、そこからしばらくレンジで動くのか、それともトレンドが転換するのかも移動平均線の向きを確認することで判断しやすくなります。

··
移動平均線とダウ理論
··

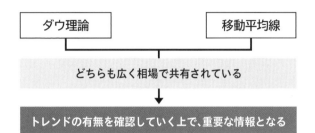

〈キーエンス(6861) 日足 2020年2月〜9月〉

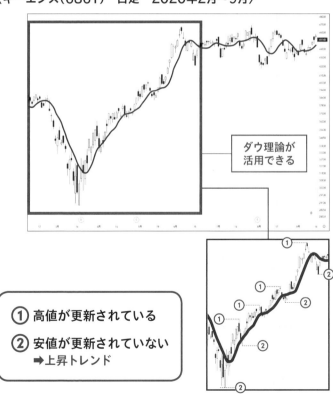

ダウ理論が
活用できる

① 高値が更新されている

② 安値が更新されていない
➡上昇トレンド

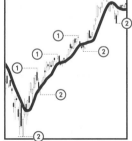

51

理論
05
買い手と売り手の
力関係を知る

移動平均線の向きと値動きを見る

　移動平均線の役割としてもう1つ重要なのが、「**買い手と売り手の力関係を視覚化しやすくする**」という点です。

　相場に参加する人は大きく分けて「株を買いたい人」と「株を売りたい人」の2つしかいません。つまり、価格というのは、両者のバランスが崩れることで上昇や下降したり、逆に均衡したりすることで変化していくのです。

　たとえば、業績が非常に伸びている会社というのは、長期的に株価が上昇していきます。これは「現在の株価が将来的な株価と比べて安い」と考える人が多いからこそ、株価が上昇してもさらに買われるのです。つまり、売買のバランスが買う人に偏っているということです。当然、売りと買いどちらかに偏っているということは、トレンドが発生しているわけですから、その意味でも、**現在の買い手と売り手の力関係を知る**ことはテクニカル分析においても重要なのです。

買い手・売り手どちらが優勢かを視覚的に判断する

　移動平均線はN期間の平均値をつなげたものです。N期間において、前日の平均値よりも当日の平均値が高ければ、買った人多いということであり、翌日もさらに平均値が高い位置にあるならば「高くても買いたい」と考えた人が多いと判断できます。

買い手と売り手どちらに偏っているか知る

〈ソニー(6758) 日足 2019年7月〜2020年2月〉

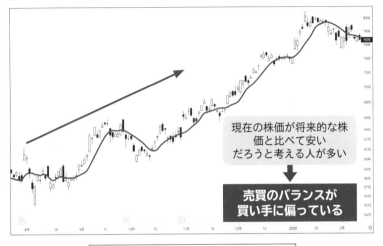

現在の株価が将来的な株価と比べて安いだろうと考える人が多い

↓

売買のバランスが買い手に偏っている

一方で下降トレンドは……

〈アステラス製薬(4503) 日足 2020年4月〜10月〉

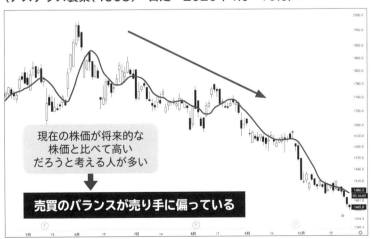

現在の株価が将来的な株価と比べて高いだろうと考える人が多い

↓

売買のバランスが売り手に偏っている

理論
06

ほかのテクニカルで補完して精度を高める

ほかのテクニカル指標で補完するのは有効

　移動平均線を使う場合に悩みがちなのが「ほかのテクニカルと併用するべきか」という問題です。テクニカル指標は移動平均線以外にも数えきれないほど存在していて、個人投資家が使うことができるチャートソフトでも、さまざまな種類を簡単に表示することができます。そのため、どんなテクニカル指標をどの程度チャートに表示するのかは、完全に使う側の裁量に任されています。

　ただ、テクニカル分析に正解というものはありませんし、結論としていえるのは「それぞれのテクニカル指標のしくみをしっかりと理解して、使い分けができればOK」ということだけです。

　移動平均線はポピュラーなテクニカル指標ですが、不得意な場面もあります。そうしたポイントをRSI（142ページ参照）などを使って補完するのは有効です。ただ、「移動平均線を出してみたけど当たらないから、ほかのテクニカル指標を使うか」といった何となくの理由で、ほかのテクニカル指標を追加していくと、間違った（損をした）理由をほかの指標に求めてしまうといったリスクとも隣り合わせです。

　テクニカル指標はあくまで値動き分析の補助をする役割であり、ここが目的になってしまうと、それぞれのしくみを理解しないまま迷子になる可能性もあります。併用する場合はその点に十分注意しておいたほうがよいでしょう。

〈NTTドコモ（9437） 日足 2020年4月〜10月〉

移動平均線
・日足の移動平均線が表示されている
・株価の推移が見える

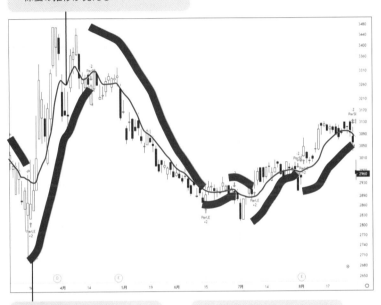

パラボリック
値動きの勢いを示しており、途
切れたとき転換点を迎え、売り
または買いのサインとなる

➡ パラボリックを利用すると、
移動平均線だけを見るより
も的確な判断ができる

ココが Point! 指標を複数使う場合、しくみを
理解して目的を明確にする

55

理論

07

テクニカル指標に頼りすぎない

有名な売買サインだからといって絶対的な数字ではない

　初心者がやりがちな失敗として、チャート上にテクニカル指標をたくさん表示してしまい、肝心の値動きが見えなくなってしまうという例があります。これは54ページとも関連しますが、結局のところテクニカル指標に「正解」を求めてしまっていることから起こります。

　たとえば2本の移動平均線が交差する、いわゆる「ゴールデンクロス（GC）・デッドクロス（DC）」などは有名な売買サインです。ただ、当たり前ではありますが、**いくら有名な売買サインだからといっても、ゴールデンクロスすれば株価が必ず上昇するわけではありません**。あくまで「上昇することが多い」という定説があるだけで、**絶対的な指標ではないのです**（むしろ外れることも多くあります）。これはどんなテクニカル指標でも同様で、「○○だから当たる」「勝率100％」という考え方は相場にはありません。

　ではなぜテクニカル指標を使うのかというと、少なくとも過去の相場の傾向から「**Aの状況下ではBが起こりやすい（可能性が高い）**」という状況をテクニカル指標で分析し、そこに**投資するため**です。この部分をしっかりと認識できていないと、GCして上昇しない場合に、「だったらパラメーター設定を変えてみるか」「別のテクニカル指標を使ってみるか」という考え方になってしまい、いわゆる「テクニカル迷子」になってしまうのです。

有名な売買サインの例

ゴールデンクロス（GC）	デッドクロス（DC）
・短期の移動平均線が下から上に突き抜けた点のこと ・相場が上昇傾向になるかもしれないという買いサインの1つ	・長期の移動平均線を、短期の移動線が上から下に突き抜けた点のこと ・相場が下落傾向になるかもしれないという売りサインの1つ

有名な売買サインでも絶対的な指標ではない

〈日産自動車（7201）　日足　2020年2月～12月〉

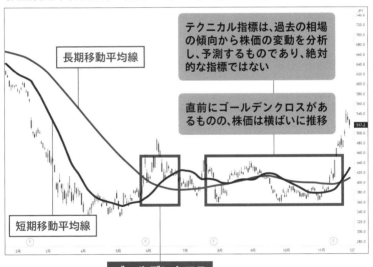

長期移動平均線

テクニカル指標は、過去の相場の傾向から株価の変動を分析し、予測するものであり、絶対的な指標ではない

直前にゴールデンクロスがあるものの、株価は横ばいに推移

短期移動平均線

ゴールデンクロス

「正解」を見つけるためではなく、株価の変動をできるだけ正確に予測するために、テクニカル指標を活用しましょう

酒田五法はローソク足のパターン

　36ページで紹介した本間宗久はローソク足の生みの親であるほかに、ローソク足を使ったチャート分析手法も体系化したといわれています。それをまとめたものが「酒田五法」です。

　酒田五法は、「三川（さんせん）」「三空（さんくう）」「三山（さんざん）」「三兵（さんぺい）」「三法（さんぽう）」という5つのローソク足の組合せ（チャートパターン）をもとに、売買のタイミングを計るものです。

　2章内でも紹介した三尊などは、相場で広く認知されているチャートパターンの1つです。酒田五法は本間の考案以降、数百年経った現在でも十分機能しており、必ず頭に入れておくべき手法です。

酒田五法の5つのパターン

三川 （さんせん）
ローソク足が3本並んだかたち

三空 （さんくう）
4本の陽線（陰線）で3つ続けて窓ができるかたち

三兵 （さんぺい）
陽線（陰線）が3本並ぶかたち

三法 （さんぽう）
長い陽線（陰線）の間に短い陰線（陽線）が3本並ぶかたち

三山 （さんざん）
3つの山が並んだかたち

欧米では「ヘッド＆ショルダー」と呼ばれている

3章

実践

効果的な
パラメーターの
設定の方法

移動平均線にはさまざまな種類があります。単純移
動平均線の選び方や、チャートソフト上での移動平
均線のパラメーター設定の方法などを解説します

移動平均線には
いろいろな種類がある

移動平均線には種類がある

ここまで、移動平均線については単純移動平均線（SMA）をベース
に話をしていましたが、移動平均線にはこのほかにもいろいろな種類
があります。たとえば**指数平滑移動平均線（EMA）や加重移動平均線
（WMA）**などです。

もともと、移動平均線といえばSMAを指す単語でしたが、移動平均
線が相場に誕生して以降、さまざまなアレンジが加えられ、現在のよう
に「〇〇移動平均線」という呼び方をされるようになりました。

移動平均線にはさまざまな特徴がある

というのも、SMAはその名が示すように、N期間の平均値（多くは
終値）を単純にグラフ化したものです。また、**SMAはしくみがシンプ
ルなだけに相場に誕生して以降、多くの人に親しまれてきました。**

一方で、単純に平均値をチャート上に表示するため、**どうしても直近
の値動きには反応が遅くなってしまうという特性があるのです。**そこで、
SMAの計算式をアレンジして、直近の値動きにより敏感に反応するよ
うにしたのがEMAやWMAです。

これらは、直近の価格の比重を高めることで、株価のトレンド転換な
どをいち早く察知することができるようにするために使われます。ただ
し、いわゆるダマシも多くなるので、注意が必要です。

3種類の移動平均線を比べる

〈三菱商事（8058） 日足 2020年11月～12月〉

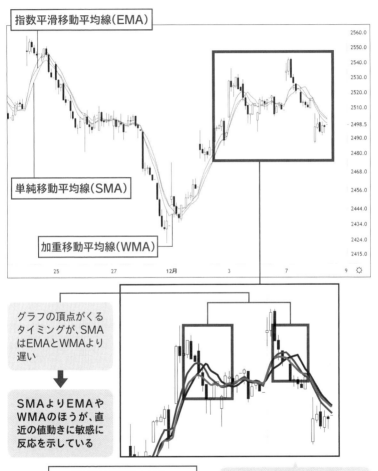

グラフの頂点がくるタイミングが、SMAはEMAとWMAより遅い

SMAよりEMAやWMAのほうが、直近の値動きに敏感に反応を示している

EMAはSMAよりも、直近の値動きに早く反応する特徴がある

直近の値動きへの反応
SMA＜WMA＜EMA

61

実践

02

単純移動平均線を効果的に使う

単純移動平均線は多くの人に意識されている

　先ほど、移動平均線にはいろいろと種類があることを解説しました。EMAやWMAもチャートソフトによりますが、基本的にはどの証券会社でも使うことができますし、選択肢があるのはよいことです。

　ただ結論をいえば、実際に使うのはSMAだけで十分です。というのも、EMAやWMAがいくら直近の値動きに敏感に反応するようにアレンジされているとはいっても、本質的にテクニカル分析で重要なのは「値動きに正確に対応しているか」ではないからです。

　38ページで解説したように、チャートで重視しなければならないのは「多くの人に意識されているかどうか」という点なのです。

単純移動平均線で相場イメージを共有する

　SMAは酒田五法やダブルトップ、フラッグなどのパターンと同様に、投資の教科書には必ず掲載されています。そのため、**多くのトレーダーがSMAを使い、相場のイメージを共有しているからこそ、実際にSMAの指標通りに株価が動く可能性が高くなるのです。**

　またSMAは、長い間トレーダーに愛用されてきた歴史もあります。いくら直近の値動きに対して反応が遅いとはいっても、「多くの人が意識している」という事実を無視してEMAやWMAを使う理由はあまりないでしょう。

多くの人が単純移動平均線を見ている

〈日立製作所(6501) 日足 2020年11月〜12月〉

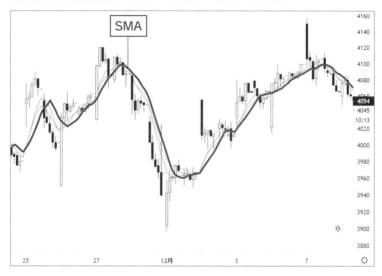

SMA
多くの人に意識されている ➡相場心理を反映している

EMAとWMA
値動きに 素早く対応している

ココが
Point!

単純移動平均線で「相場の心理」を掴む

移動平均線のN期間は 25日がベスト

「パラメーター」を選択する

　移動平均線を使う際に、先ほど解説した種類のほか、**「パラメーター」も悩みやすいポイントです**。移動平均線は「N期間の平均値をつなげたもの」で、このN期間に関しては基本的にどの証券会社のチャートソフトでも変更することができます。たとえば5日分のように比較的短い期間の平均値を出すこともできますし、長期間の100日などを設定することもできます。

25日線は必ず確認する

　このパラメーターについても、テクニカルに「絶対」はないので、結局、どの数値に設定しても正解はありません。そのため、ここでも「多くの人が見ている数値」を使うことをおすすめします。その観点からいえば、**日足で表示する場合は「25日線」がベストでしょう**。

　たとえば、SBI証券、楽天証券、マネックス証券などでチャートを表示させて移動平均線を確認すると、どの証券会社でも25日線は必ず最初に表示されます。

　また、移動平均線乖離率を使ったスクリーニングのサービスでも、もとのパラメーターにはほとんど25日線が採用されています。あくまで一例ではありますが、こうした事例を見ても25日線というのは相場の中で比較的ポピュラーな数値として認知されていることがわかります。

多くの人が見ている25日線

証券会社のデフォルトチャートでは5日線と25日線が出ていることが多い

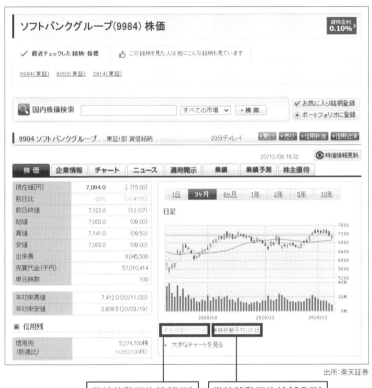

出所:楽天証券

単純移動平均線(5日)　　単純移動平均線(25日)

ココが
Point!

相場心理を理解して
パラメーターを設定する

実践
04

5日、25日、200日など 各指標の特徴を知る

「5日線」は「1週間の平均値」を表す

　パラメーターについて、前述の通り25日線は必ず確認しておくとして、ほかの候補としては5日・10日・50日・75日・200日が挙げられます。どれも25日線と同じ考え方で、基本的に**「多くの人に意識されている」** パラメーターです。

　ただ、これも根拠なく選んでいるわけではありません。たとえば5日線というのは文字通り5日間の平均値です。株式相場が動くのは1週間のうち平日の5日間ですから、5日線は大まかに「1週間の平均値」を示していると捉えることができます。

株式相場では期間の節目が強く意識される

　したがって、10日は「2週間」、25日は「1カ月」、75日は「3カ月」というように、それぞれの期間ごとの平均値を示していると捉えると理解がしやすくなります。

　とくに**株式相場では「1週間」「1カ月」「1年」といった、期間の節目が強く意識される傾向にある**ので、これらの平均値を把握しておくことは非常に重要です。

　また、**200日線は長期トレーダーが意識するパラメーターとして知られています。**200日線を抜けるか否かが、長期的な値動きの転換点になりやすいといわれているのです。

パラメーターの異なる移動平均線

〈パナソニック（6752）　日足　2019年8月〜2020年6月〉

・大まかに「1週間の平均値」を示している
・上下変動が大きい

・大まかに「1カ月の平均値」を示している
・もっとも多くの人が見ている指標

5日移動平均線

25日移動平均線

200日移動平均線

そのほかに10日、50日、75日などがよく使われている

・長期トレードを行う場合によく利用されている
・緩やかなラインになることが多い

25日移動平均線

東証の取引が土曜日にも行われていたため、取引日が1カ月に約25日間あり、25日移動平均線が普及した		現在、東証の取引は月曜から金曜のみで1カ月の取引日は約20日だが、当時の名残で現在も25日移動平均線を使う投資家が圧倒的に多い

67

短期・中期・長期の 3本を同時に使う

移動平均線は3本表示する

　移動平均線は複数本同時に表示することができます。各証券会社でも3本表示が基本です。

　移動平均線を3本表示する場合、それぞれの移動平均線の役割を短期・中期・長期というように、期間ごとに捉えると理解しやすくなります。具体的には5日移動平均線もしくは10日移動平均線が短期、25日移動平均線が中期、75日移動平均線が長期といった形です。短期・中期・長期それぞれの投資家の動向を知ることが目的になります。

移動平均線で株価の動向を分析する

　値動きというのは、デイトレーダー、スイングトレーダー、長期保有の投資家など、各自の売買が「ローソク足」という1つの形として示されます。そのため、ローソク足単体を見ても、それぞれにどのような動きがあるかということは少しわかりづらくなっています。

　そこで、**株価の動向を分析するために優れているのが移動平均線なのです**。たとえば5日移動平均線は1週間のうちで売買された平均値を知ることができます。25日移動平均線であれば1カ月、75日移動平均線であれば3カ月というように、それぞれに短期・中期・長期と役割を振ることで、各期間の投資家がどのように動いたかを視覚化することができるのです。

3本の移動平均線でさまざまな立場の投資家の動向を知る

移動平均線で各期間の投資家の動きを視覚化する

〈日本電産（6594） 日足 2020年1月～8月〉

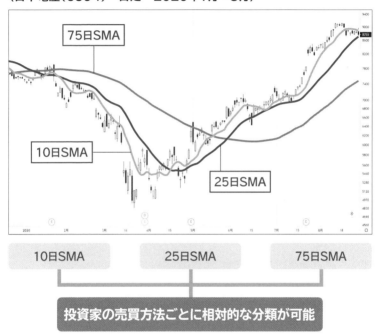

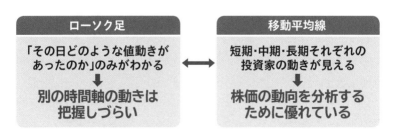

パーフェクトオーダーに着目する

表示する本数が増えることによって、分析のやり方も少し複雑になってしまうのでは？　と思うかもしれませんが、実際には「パーフェクトオーダー」にさえ注目すればよいので非常にシンプルです。

パーフェクトオーダーはチャート上に3本の移動平均線が存在する状態を示す言葉です。 上昇トレンドの中に3本の移動平均線が下から長期・中期・短期の順に並び、その上にローソク足がある状態、下降トレンドでは3本の移動平均線が上から長期・中期・短期の順に並び、その下にローソク足がある状態のことをいいます。

パーフェクトオーダーはトレンドがもっとも強い状態で、上方向にできている場合は完全な上昇トレンドなので絶好の買いどきですし、反対に下向きのパーフェクトオーダーの際は完全に下降トレンドであるため、少なくともこの局面では買ってはいけない場面だということが一目でわかるのです。

トレンドの発生地点を見極める

3本の移動平均線をそれぞれ短期・中期・長期と捉えた場合、デイトレーダーと長期保有の投資家の売買タイミングがそれぞれ異なるように、通常、3本の動きは別々の方向で動くことが多いのです。

しかし、パーフェクトオーダーが発生している相場は、短期・中期・長期それぞれの期間で、買いもしくは売りの判断が一致している相場となります。そのため、明確にトレンドが発生していると判断することができるのです。

売りどきについては後程解説しますが、少なくとも、**パーフェクトオーダーの発生を見極められるか否かで勝率に大きく関わってくる**という点は覚えておいてください。

····································
パーフェクトオーダーを見つける
····································

〈スズキ（7269） 日足 2020年1月〜12月〉

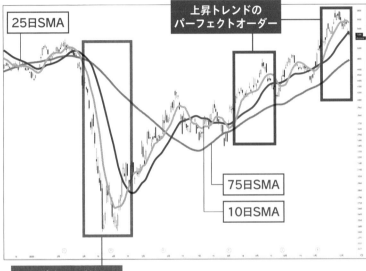

3章

効果的なパラメーターの設定の方法

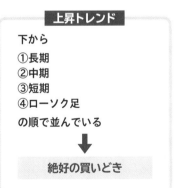

下降トレンド

上から
①長期
②中期
③短期
④ローソク足

の順で並んでいる

⬇

買ってはいけない局面

上昇トレンド

下から
①長期
②中期
③短期
④ローソク足

の順で並んでいる

⬇

絶好の買いどき

71

実践

06

表示する時間軸で
パラメーターを変える

パラメーターは表示する時間軸で変更する

　ここまで、日足チャートをベースに「相場において比較的意識されやすい期間を移動平均線のパラメーターに落とし込む」という考え方をもとに表示すべきパラメーターを紹介してきました。

　ただ、**表示する時間軸が変わると、意識されやすい期間も変化するため、それに合わせて移動平均線のパラメーターも変更するのがベストです**。たとえば、週足の場合、よく使われるのは13週SMA、26週SMA、52週SMAです。これは13週は約3カ月、26週は約6カ月（半年）、52週は約12カ月（1年）の平均値を分析しようという考え方です。とくに欧米では52週が重要視されているようです。

「多くの人が共有している考え方」を優先する

　52週（＝1年）SMAを表示させることは、月足を見るのと同様です。52週SMAでの分析が必要なのであれば、月足で12カ月SMAを表示し、分析したほうがよい場合もあります。月足では6カ月SMA、12カ月SMA、24カ月SMA、60カ月SMAなどがよく見られています。

　こうした各時間軸における設定に関しては、絶対的な根拠があるわけではありません。各証券会社のチャート設定でも一般的に共有されている考え方であり、**「多くの人が共有していて広く知られていること」を優先して設定することが重要です**。

週足のSMAと月足のSMAを比べる

〈アサヒグループHD（2502） 週足 2017年8月〜2020年12月〉

52週SMA

移動平均線が同じ動きをしている

〈アサヒグループHD（2502） 月足 2014年〜2020年〉

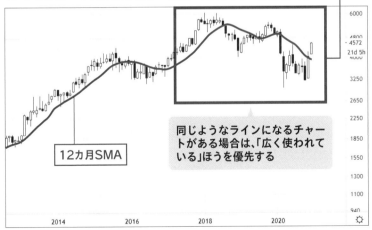

12カ月SMA

同じようなラインになるチャートがある場合は、「広く使われている」ほうを優先する

実践
07
チャートソフトの
設定を変更する

チャート画面をカスタマイズする

　移動平均線はしくみがシンプルなだけに、数値などで調整できる要素としては「N期間のパラメーターをどうするのか」「どの価格の平均値を取るのか」の2つだけです。ただ、後者はよほど特殊な事情がなければデフォルトの終値でよいですし、前者は先ほど解説してきた通り（基本は25日に設定）です。一方で、もう1つ調整できる要素として「ラインの表示」があります。各チャートツールのデフォルト設定で問題はないですが、手を加えるのであれば、**移動平均線の色や太さを自分の見やすいように変更する**とよいでしょう。

ラインの色と太さを変更する

　たとえば、チャート上に複数の移動平均線を表示する場合、短期は赤、中期は黄色、長期は青というように色分けすると、視覚的にそれぞれの移動平均線がどのような動きをしているのかがわかりやすくなります。

　また、デフォルトで表示する移動平均線は少し線が細く見えづらい場合があるので、その際は線を少し太めに変更することで、比較的視認しやすくなります。破線などの移動平均線のラインを変更できるチャートツールもありますが、**細かく設定しすぎてもチャートがかえって煩雑になる場合も多いです**。変更を加えるとすれば先ほどの2点だけに留めておいたほうがよいでしょう。

テクニカル指標の設定（Trading Viewの場合）

チャートツールで、色や太さを設定し、見やすい画面に変更する

〈オリエンタルランド（4661） 週足 2020年5月〜12月〉

MA 25 close 0
25日SMAを表示していることを
示している

出所：Trading View

移動平均線の設定画面からパラメーター
の期間や、ラインの色を選択できる

破線などを使って表示す
ることができるチャート
ツールもある

細かく設定しすぎて、
煩雑になる場合も
あるため注意する

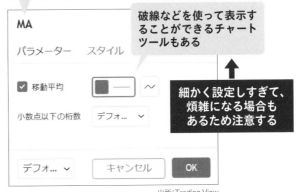

出所：Trading View

DMAは「ずらした」移動平均線

　移動平均線のバリエーションとしてEMAとWMAを例に出して解説してきましたが、このほかにもさまざまな種類があります。中でも少し変わった考え方をするのが「DMA（Displaced Moving Average ずらした移動平均線）」です。

　このテクニカル指標はSMAをベースに、SMAをチャート上で左右どちらかにN期間分ずらして示したものです。たとえば同じパラメーターの5日SMAと5×3DMAを表示すると、DMAが3日分ずれているため、SMAと比較するとチャートの見え方が異なります。

　DMAは米国の有名個人投資家であるジョー・ディナポリが用いるテクニカル指標の1つとして知られています。とくに「ダブルレポ（強い転換サインのこと）」「スラスト（勢いよく上昇や下降が起こっていること）」などの独自のチャートパターンを分析するために用いられます。

SMAとDMAを比較する

〈富士フィルムHD（4901）　日足　2020年9月〜12月〉

4章

実践

移動平均線から
掴む売買の
ポイント

この章では、実際にチャート上の移動平均線の着目
ポイントを解説していきます。チャートのパターンを
知り、売買に活かしていきましょう

実践
01

序盤と終盤は
値動きが定まりづらい

トレンドは相場心理が大きく傾いた際に発生する

　移動平均線を使って売買する場合、トレンドに沿って取引する「順張り」が基本的な戦略となります。順張りでは「いま、トレンドがどの状態にあるのか？」を認識することが収益に直接つながります。

　トレンドというのは「序盤・中盤・終盤」の3つの状態に分けることができます。トレンドの序盤や終盤は相場心理が錯綜しやすく、値動きが定まりづらいため、**順張りでエントリーする場合、序盤と終盤での売買は避けたほうがよいでしょう。**

トレンド序盤や終盤は取引の難易度が上がる

　たとえば、右ページの図のようにしばらく上昇トレンドが続いたあと、値動きが反転して移動平均線を下抜けるかどうかという状況を考えてみましょう。下から買っていた人は「トレンドも終わりそうだし、そろそろ利確するか」と考えるかもしれませんが、「まだまだ株価が上がるだろう」と考える人にとっては、ここから反発して押し目になると見えるかもしれません。また、空売りしようとしている人にとってはよいエントリーポイントに見えている可能性もあります。

　このように、**参加者がそれぞれの視点を持って売買を行うことで値動きが起こりますし、トレンドの序盤や終盤はとくに値動きが起こりやすいのです。**

〈リクルートHD（6098）　日足　2019年11月〜2020年5月〉

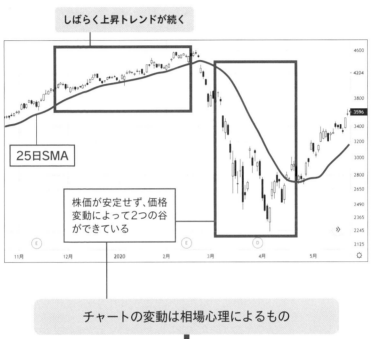

しばらく上昇トレンドが続く

25日SMA

株価が安定せず、価格
変動によって2つの谷
ができている

チャートの変動は相場心理によるもの

↓

トレンドの序盤や終盤は相場心理が錯綜している

ココが
Point!

トレンドの序盤や終盤の 売買は慎重に行う

4章
移動平均線から掴む売買のポイント

トレンドの中盤は
利益を出しやすい

トレンドの中盤は相場参加者の意見が一致する

　一方で、**順張りにおいてもっとも利益を出しやすいのがトレンドの中**
盤です。トレンドの中盤は今後の値動きについて、相場参加者の中で「ト
レンドがある程度続くだろう」と意見が一致している状況といい換える
ことができます。

　たとえば、「これから上方向の動きがしばらく続きそうだ」と多くの
人が予想している場合、下から買っている人は「まだまだ利益を伸ばせ
る」と考えます。また、新規で買いたい人にとっても、これからまだ上
昇トレンドが続くのであれば、「現在の株価が押し目を付けて反発した
タイミングで買っても利益が出そうだ」と予想できます。また、空売り
したい人にとっては含み損につながる可能性が高く、トレンドの中盤で
はエントリーを避けがちな場面です。

もっとも「おいしい」局面である中盤を狙う

　だからこそ、順張りでエントリーする場合は、売買が上下どちらかに
偏った状況を狙うことで利益を出す可能性が高くなるのです。

　移動平均線をチャートに表示することで、トレンドの序盤・中盤・終
盤を視覚的に分析できます。「頭と尻尾はくれてやれ」という格言があ
りますが、**「売買の動向がわかりづらいトレンドの序盤と終盤はエント**
リーを避ける」というのが移動平均線を使った基本的な戦略です。

トレンドの中盤を狙って売買する

〈ニトリHD（9843）　日足　2020年2月〜10月〉

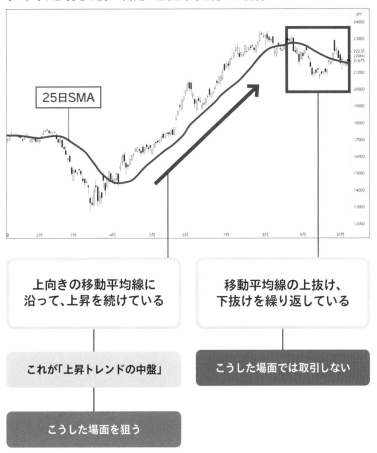

25日SMA

上向きの移動平均線に
沿って、上昇を続けている

これが「上昇トレンドの中盤」

こうした場面を狙う

移動平均線の上抜け、
下抜けを繰り返している

こうした場面では取引しない

エントリーの
タイミングの見極め方

トレンドの中盤を明確に定義する

　移動平均線のみの視点でいえば、**株価が移動平均線よりも下で動いているときは、上抜けたポイントが上昇トレンドの序盤です。株価が移動平均線の上で推移しているときは、線を下抜けたポイントをトレンドの終盤と定義する**ことができます。つまり、その間の部分が大まかにトレンドの中盤というわけです。

　ただ、これは教科書的な考え方でもあり、実際の相場において毎回移動平均線の上抜け・下抜けで綺麗にトレンドが発生するわけではありません。多少ダマシを挟みながらトレンド転換していくことも多いのです。

ダウ理論を併用する

　そのため「いまがトレンドのどの状態であるか」を判断するためには、**ダウ理論（48ページ参照）も併用して分析することで、より精度を上げる**ことができます。

　まず、株価が移動平均線を上抜けた少し先、ダウ理論の上昇トレンド継続を表すAと、終了を表すBのポイント間の値動きを1つの上昇トレンドと考えます。上昇トレンド中に移動平均線の上で株価が推移している場合、間の値動きを「トレンドの中盤」として定義します。そうすることでAの高値まで一度戻して押し目を作ったタイミングがエントリーに適していることが判断できるのです。

〈ファーストリテイリング（9983）　日足　2020年2月〜7月〉

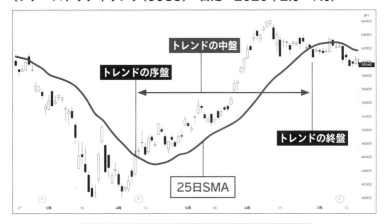

ダウ理論のトレンド始点と終点を加えると……

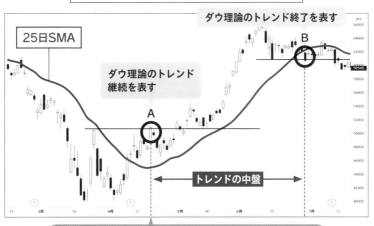

Aの高値まで一度戻して押し目を作ったタイミング

➡ エントリーに適している

4章　移動平均線から掴む売買のポイント

83

移動平均線から知る
チャートの注目ポイント

注目すべき3つのポイント

　83ページまでで、「トレンド」をどのように見ていくかを説明しました。それらをふまえて、移動平均線と株価の関係を見た場合に分析できる要素を整理していきます。

　まず、移動平均線をチャート上に表示させて注目すべきポイントは大きく3点あります。

①ローソク足と移動平均線の位置（詳細は86ページ参照）

②トレンドの継続性（詳細は88ページ参照）

③手を出すべき相場かどうか（詳細は90ページ参照）

移動平均線はトレンド方向の順張りに強い

　「トレンド系指標」と呼ばれている移動平均線は、あくまでトレンドの有無を判断したり、トレンド方向に順張りしたりする際に効果的なテクニカル指標です。

　逆にいえば「レンジ相場で逆張りをする」というような手法を使う場合にはあまり機能しづらいのです。

　そうした特性はしっかりと意識しておく必要があります。

　3つのポイントを分析しつつ、順張りを行う際にどこでエントリーするのかを探していき、移動平均線で「チャートの見るべきポイント」を把握していきましょう。

チャート上で見るべき3つのポイント

ローソク足と移動平均線を見て、株価変動を把握する

- **①ローソク足と移動平均線の位置**
  - ➡ローソク足が移動平均線を上回っているか

- **②トレンドの継続性**
  - ➡上昇トレンド・下降トレンドが継続するのか

- **③手を出すべき相場かどうか**
  - ➡トレンドの中盤なのか、序盤や終盤なのか

〈ソニー（6758）　日足　2019年6月〜2020年3月〉

①ローソク足がSMA
の上
②SMAが上向き
③緩やかな上向きが
　続いている

買いのサイン

25日SMA

ローソク足と移動平均線を表示したチャートで、3つの
ポイントに注目し、売買に活かしていきましょう

4章

移動平均線から掴む売買のポイント

85

ローソク足と移動平均線の位置関係を見る

株価が移動平均線より上にある

移動平均線は「N期間の平均値をつなげた折れ線グラフ」です。単純に考えて、現在の株価が移動平均線よりも上にあることは、「N日間の平均値よりも上にある」ということになります。現在の株価のほうが過去のN日間の平均の株価よりも買っている人が多い＝上昇傾向にあると考えることができます。

反対に現在の価格が移動平均線よりも下ならば、「過去N日間の平均値よりも下にある」ため、売っている人が多い＝下降傾向にあると判断できます。

移動平均線で「価格の方向性」を把握する

つまり、**現在の株価が移動平均線を基準に対して、上下どちらかに位置しているのかを確認することで「価格の方向性」をある程度把握する**ことができます。

また、移動平均線はどちらかといえば「向き」のほうに注目されやすいですが、**移動平均線が下向き・横ばい・上向きのときにローソク足も線の上・線と平行・線の下と大きく分けて3つの位置関係があります。**

仮に移動平均線が上向きでもローソク足が線の下にある場合は、上昇トレンドの中で現在の株価は平均値よりも売られているため「上昇トレンドの勢いが崩れた」と判断できるのです。

〈第一三共（4568） 日足 2019年12月〜2020年9月〉

上昇トレンド

ローソク足が過去N日間の平均値よりも上にある

現在の株価のほうが過去のN日間の平均よりも、買っている人が多いことを表す

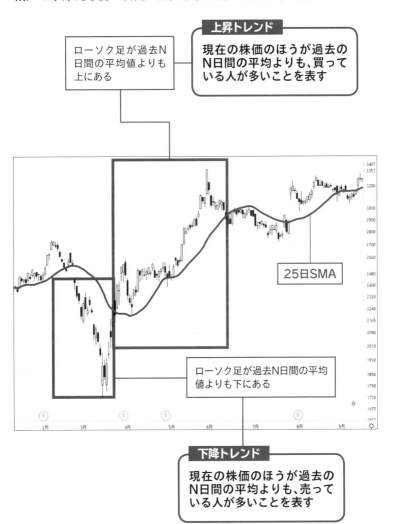

25日SMA

ローソク足が過去N日間の平均値よりも下にある

下降トレンド

現在の株価のほうが過去のN日間の平均よりも、売っている人が多いことを表す

4章 移動平均線から掴む売買のポイント

87

トレンドが
継続するかを見極める

1本の移動平均線とローソク足で判断する

86ページを踏まえ、「トレンドの継続」を判断する際には、移動平均線の向きとローソク足の位置に注目します。

たとえば、**上昇トレンドの場合、移動平均線が上向きかつ、株価が移動平均線の上で動き続けていればトレンド継続と判断できます。**

つまり、右ページのチャートでトレンドが継続していると判断できるのは、4月頭に移動平均線を上抜けたタイミングではなく、そこから線が横ばいから上向きに変化した4月後半以降です。

トレンド継続の条件をもとに値動きを予測する

移動平均線はそこからしばらく上向きのまま推移していますが、6月15日に大きな陰線でローソクが移動平均線を一時的に下抜けています。「移動平均線が上向きかつ、株価が線の上で動き続けている」というトレンド継続の条件から外れているため、先ほどの考え方をもとにすると「上昇トレンドが一度ここで落ち着いた」と判断することができます。この考え方を踏まえると、「トレンドの段階（序盤・中盤・終盤）」がより細かく定義できますし、**上抜けや下抜けだけの判断よりも「ダマシ」を減らすことができます。**

移動平均線の向きと合わせて、ローソク足が線に対してどの位置にあるかはしっかりと確認しておきましょう。

トレンドの継続を判断する

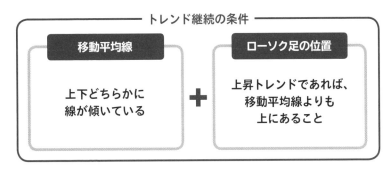

─── トレンド継続の条件 ───

移動平均線	＋	ローソク足の位置
上下どちらかに 線が傾いている		上昇トレンドであれば、 移動平均線よりも 上にあること

〈日経225先物　日足　2020年2月〜6月〉

4月後半以降に移動平均線が横ばいから上向きに変化した

⬇

トレンドが継続していると判断できる

6月15日に大きな陰線でローソクが移動平均線を一時的に下抜けた

⬇

上昇トレンドが一度落ち着いたと判断できる

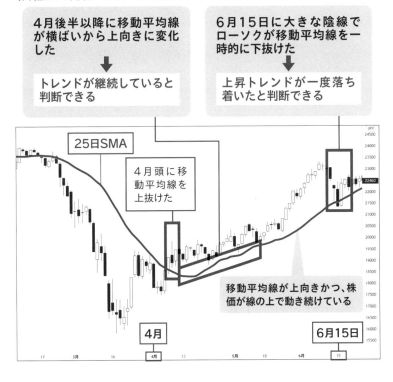

25日SMA

4月頭に移動平均線を上抜けた

移動平均線が上向きかつ、株価が線の上で動き続けている

4月

6月15日

実践

07

手を出すべき相場
を見極める

投資しない相場を知る

　移動平均線をチャートに表示させる一番の目的は「トレンドの視覚化」
です。これは89ページまでで説明しましたが、少し進んだ考え方とし
て「手を出す（出さない）相場を見極める」ことにもつながってきます。

　テクニカル分析は「どこで投資をするのか」を見極める手段として考
えられがちですが、実は「どこで投資しないか」を見極めることも非常
に重要なのです。

明確なトレンドが確認できるまで「待つ」

　たとえば、右ページのチャートは2020年初めからのニトリHDの日
足チャートです。2020年の前半は新型コロナウイルスによる影響で一
時的に大幅に下げ、そこから一転して8月までに株価が上昇しています。
一方後半は価格が上下して方向感のない相場になっています。

　もちろん、値動きには外部要因や業績などの要素が大きく関わってき
ています。ただ、あくまで「移動平均線＋ローソクの関係」という目線
でチャートを確認すると、8月以降の相場は移動平均線が終始横ばいで、
そもそもトレンドが出ていません。また、ローソク足との位置関係を見
ても、トレンド継続の条件が崩れていることがわかります。

　このチャートだけで将来の株価を完璧に予想することはできませんが、
少なくとも直近の値動きでは「手を出さない相場」と判断できます。

トレンドを確認して投資する

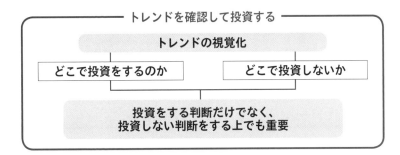

〈ニトリHD（9843） 日足　2020年2月～12月〉

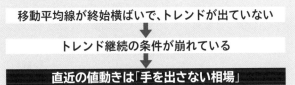

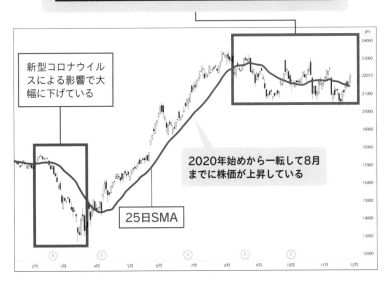

グランビルの法則で
売買のポイントを知る

8つのパターンでチャートを分析する

　ここまでで、移動平均線をチャートに表示する際に見ておきたいポイントを解説しましたが、こうした要素を踏まえた上で具体的に売買を行う方法を説明していきます。

　移動平均線を使った売買ポイントの分析において必ず押さえておきたいのが「グランビルの法則」です。グランビルの法則はアメリカの金融記者である、ジョセフ・グランビルが考案した手法で、**移動平均線を軸にした株価の位置関係から、買いと売りそれぞれ4パターン、合計8つのパターンでチャートを分析したものです。**

グランビルの法則でチャート分析の精度を上げる

　正直なところ、グランビルの法則は移動平均線にまつわる要素の中でもっとも重要なポイントです。この法則を十分に活用できるかどうかでチャート分析の精度も大きく変わってきます。

　グランビルの法則は相場でも広く知られている考え方であり、**移動平均線を使ったチャート分析を行う人であれば、実際に売買しなくても意識しています。**

　もちろん、8つのポイントで必ず法則通りに動くわけではないですが、「グランビルの法則通りに動くか」が判断材料になることも多く、実戦ではかなり有益な情報であると断言できるでしょう。

グランビルの法則8つをチャートで見る

グランビルの法則「買い」の局面

❶ 重要な「買い」

横ばいor上昇中の株価が移動平均線を上に抜けた

❷ 押し目買い

上昇中の移動平均線を一時的に下回ったが、すぐ上昇に転じた

❸ 買い増し

上昇中の移動平均線の上にいる株価が、下がっても割り込まず再び上昇した

❹ 短期の買い場

下降中の移動平均線から大きくかい離して下落するも、反発を狙う

グランビルの法則「売り」の局面

❶ 重要な「売り」

横ばいor下降中の移動平均線を株価が下に抜けた

❷ 戻り売り

下降中の移動平均線を一時的に上回ったがまたすぐ下落した

❸ 売り乗せ

下降中の移動平均線の下にいる株価が、上がっても上抜けせず再び下落した

❹ 短期の売り場

上昇中の移動平均線から大きくかい離して上昇するも、反落が予想される

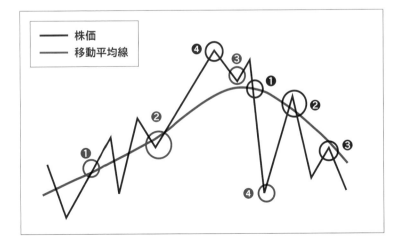

凡例:
— 株価
— 移動平均線

上昇トレンドへの転換は新規の買いを狙う

移動平均線を見てトレンドに沿って売買する

　グランビルの法則における8つのパターンを解説していきます。

　買いパターン①（93ページ参照）は、**移動平均線が下落後、横ばいになったまたは、上昇基調になったときに株価が移動平均線を上回ったところで買う方法です**。下降トレンドからの転換点になるため、「上昇トレンドの始点で買うパターン」ともいい換えることができます。移動平均線を使ってトレンドに沿って売買する（順張りする）際には、トレンドの始点から終点までを追いかけていくようなスタンスを取ります。

トレンドを確認したら試し玉でエントリーする

　こうしたスタンスではトレンドの中盤がもっとも利益を得やすいですが、実戦においてピンポイントでそうした状況を見極めるというのは案外難しいものです。したがって、トレンドの始点と認識できるような買いパターン①が確認できたら、その時点で試し玉として初回に最小の取引単位でエントリーし、そのあと順調にトレンドが発生したらポジションを追加する（トレンドにならなければ損切り）という戦略を取るのが現実的です。

　「株価が移動平均線を上抜け」を判断する際に、ローソク足の上ヒゲだけが抜けている場合、反発して下に動くことも多いです。**すぐに上抜けと判断せず、次の足で十分に抜けてくるのを待つのがよいでしょう。**

トレンドに沿った売買の仕方

〈KDDI（9433）　日足　2020年6月〜12月〉

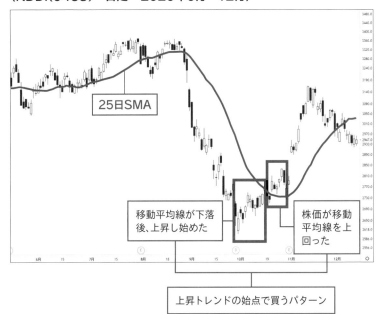

25日SMA

移動平均線が下落
後、上昇し始めた

株価が移動
平均線を上
回った

上昇トレンドの始点で買うパターン

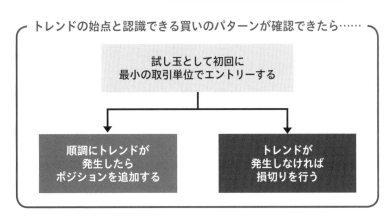

トレンドの始点と認識できる買いのパターンが確認できたら……

試し玉として初回に
最小の取引単位でエントリーする

順調にトレンドが
発生したら
ポジションを追加する

トレンドが
発生しなければ
損切りを行う

実践 10

上昇トレンド中の 押し目買いを狙う

反発をするのを確認してからエントリーする

買いパターン②（93ページ参照）は株価が上昇基調で動いていて、一度移動平均線を下抜けたところで買うパターンです。いわゆる「押し目買い」と呼ばれる買い方で、**上昇トレンド中に一度上への動きが落ち着き、再度高値の更新が見込めるような状況では、効果的なエントリーポイントとなります。**

パターン②で買う場合に注意したいのは、株価が移動平均線を下抜けた際に、移動平均線を軸にしてしっかりと反発をするのを確認してからエントリーするという点です。

上昇トレンドがどこで止まるか見極める

実際の値動きの中では、すでにパターン①（トレンドの始点）が確認できるような状況でも、株価が移動平均線を下抜けて反発せずに、そのままトレンドが反転してしまうことも多くあります。

そのため、**ひとえに押し目を狙うといっても、「上昇トレンドの調整がどこで止まるのか」を見極める必要があり、その基準として移動平均線を活用する**というのが、買いパターン②の根本的な考え方です。

とくに、上昇基調にある中で、長い下ヒゲが移動平均線を下抜け、すぐに反発するような値動きをする場合（右ページ参照）、移動平均線を目安に押し目買いを意識した相場参加者が多いと判断できます。

移動平均線で押し目買いを狙う

〈くら寿司（2695）　日足　2019年6月～2020年3月〉

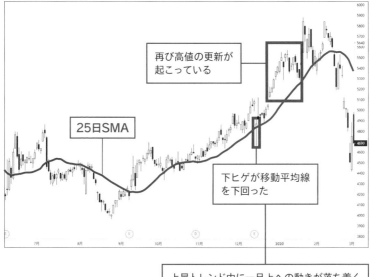

再び高値の更新が
起こっている

25日SMA

下ヒゲが移動平均線
を下回った

上昇トレンド中に一旦上への動きが落ち着く

─── 押し目を狙うときのポイント ───

株価が移動平均線を下抜けた

↓

移動平均線を軸にしてしっかりと反発をするかを確認する

ココが
Point!

上昇トレンドの調節が
止まる場所を見極める

実践
11
上昇トレンド中の
押し目買い増し

移動平均線を下抜けるかを見る

　買いパターン②と合わせて「トレンドの中盤」で押さえておきたいのが、買いパターン③（93ページ参照）です。

　これは、株価が上昇基調の移動平均線の上にある中で、一度移動平均線に向かって株価が下がり、移動平均線を抜けないで再び上向きに反転する状況です。パターン②と似ていますが、2つの違いは「移動平均線を下抜けるか否か」という部分です。

　移動平均線を下抜けるまでの調整が起きず、株価が少し下がってもすぐに買われて上昇トレンドに戻っていくということは、相場心理としてトレンドの反転（終了）が意識されていないということです。

　上昇トレンドが続く可能性が高い場面なので、買いでエントリーする際には、このパターン③を探せるかが投資成績に大きく関わってきます。

株価の反発を確認しておく

　株価が下がり、移動平均線を抜けないで再び上向きに反転したときは、積極的に買いを狙いに行くべきポイントです。

　ただ、パターン③はトレンド終盤の前触れになることも多く、反発後、一気に値動きが加速して、そこがトレンドの天井というケースもよくあるので、**パターン③のエントリー後は手じまいの選択肢も想定しておいたほうがよいでしょう。**

押し目買い増しを狙えるがトレンド終盤となる可能性も

〈イオン（8267）　日足　2020年1月～10月〉

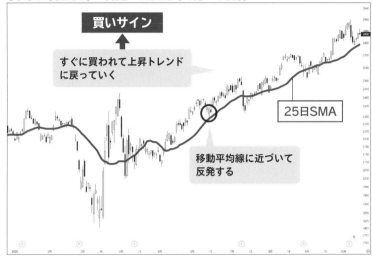

買いサイン

すぐに買われて上昇トレンド
に戻っていく

25日SMA

移動平均線に近づいて
反発する

〈ソニー（6758）　日足　2019年7月～2020年3月〉

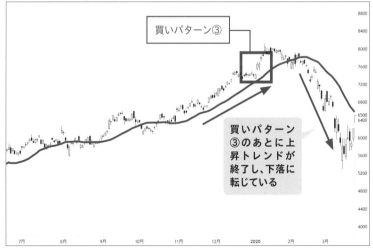

買いパターン③

買いパターン
③のあとに上
昇トレンドが
終了し、下落に
転じている

上昇トレンド調整後の短期の買いを狙う

リバウンドを狙ってエントリーする

　買いパターン④（93ページ参照）は①〜③までと少し異なり、トレンドの途中ではなく、株価が大きく売られたときに、そこからのリバウンドを狙って買います。つまり、定義としては**「株価が下降しつつある移動平均線より下に大きく離れた場合に買い」**ということです。

　上昇トレンドという1つの流れを考えたとき、その流れが急であればあるほど、天井を付けたあとに売られる勢いは強くなります。

　ただ、それまでは多少株価が下がっても買われていたわけで、トレンドが本当に終わったかどうかはリアルタイムで確実に判断することは難しいのです。したがって、天井圏から株価が強く売られても、「安い」と判断してそこから買う人はある程度いるのです。

　そのため、**上昇トレンドから一気に売られた場合、株価のかい離が大きいほど上へリバウンドすることが多くなります。**

エントリーするタイミングや流れを正確に読む

　パターン①〜③と異なるのは、相場全体のトレンドに反したトレードであるため、手法としては「短期の逆張り」となります。

　そのため、**エントリーするタイミングや流れを読み間違えると、大きな含み損を抱えてしまうリスクもありますし、損切りや建玉（取引所で売買約定した物）の管理などもよりシビアになるので、注意が必要です。**

大きく売られたときチャンスを見出す

〈日経225先物 日足 2017年8月〜2018年3月〉

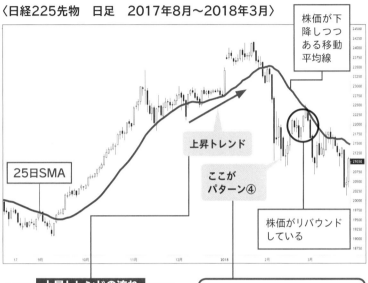

株価が下降しつつある移動平均線

上昇トレンド

ここがパターン④

25日SMA

株価がリバウンドしている

上昇トレンドの流れ

急であればあるほど、天井を付けたあとに売られる勢いは強くなる

下降している移動平均線から下に大きく離れた

買いサイン

買いパターン④の注意点

短期の逆張りではエントリーするタイミングを間違えると……

↓

・大きな含み損を抱えるリスクが増える
・損切りや建玉の管理がシビアになる

天井圏から株価が強く売られても、「安い」と判断した人が買う

株価のかい離が大きいほど上へリバウンドすることが多くなる

4つの売りパターン
を把握する

チャンスがきたら早めに決済を行う

　ここまで買いパターン①〜④を解説してきました。

　売りのパターンはこれをまったく反対にしたものです。ただ、ここでの「売り」は、利益確定の売りではなく、**信用取引を使った空売り**である点に注意しておきましょう。

　売りパターン①では、**移動平均線が上昇のあとで横ばいになるか、下降基調になったときに株価が移動平均線を下抜けたら売ります**。買いの場合と同様にここが下降トレンドの始点となるため、上昇トレンド目線の場合、当てはまる状況になったら、早めに決済を行いましょう。

価格が下がっても安易に買わない

　売りパターン②、③は下降トレンド中の戻りを狙ったエントリーです。**②は下向きの移動平均線を一時的に上抜けて戻したところを、③は下向きの移動平均線の手前で反発したのを確認してエントリーします**。買いの視点で見ると、こうした状況下では下降トレンドが継続しやすいので、価格が下がったからといって安易に買わないようにしておきましょう。

　売りパターン④は**買いの場合と同様、株価が一度大きく上昇し、移動平均線とかい離が大きくなったタイミングで売ります**。短期の逆張りエントリーとなるので、より厳密な資金管理が必要になります。

〈塩野義製薬（4507） 日足 2020年1月～12月〉

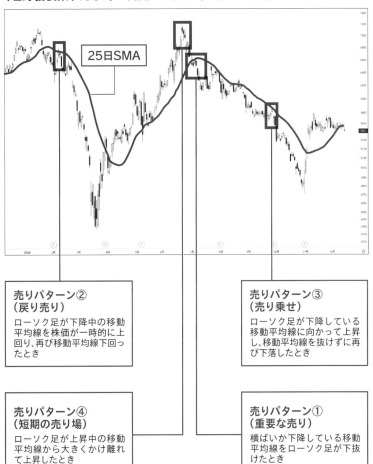

売りパターン②
（戻り売り）
ローソク足が下降中の移動平均線を株価が一時的に上回り、再び移動平均線下回ったとき

売りパターン③
（売り乗せ）
ローソク足が下降している移動平均線に向かって上昇し、移動平均線を抜けずに再び下落したとき

売りパターン④
（短期の売り場）
ローソク足が上昇中の移動平均線から大きくかけ離れて上昇したとき

売りパターン①
（重要な売り）
横ばいか下降している移動平均線をローソク足が下抜けたとき

4章 移動平均線から掴む売買のポイント

実際のチャートで見る
グランビルの法則

実際のチャートではさまざまなパターンが現れる

　ここまで解説してきたグランビルの8つの法則を、上昇トレンド、下降トレンドで一連のパターンが出ている実際のチャートでもおさらいしておきましょう。右ページの上昇局面のグランビルの法則①〜④、下降局面のグランビルの法則①〜④では、比較的わかりやすい形で上昇局面・下降局面のパターンを紹介しています。

　しかし、これは書籍に掲載する目的で意図的にわかりやすい例を挙げています。**銘柄や期間、表示する移動平均線のパラメーターなどを変更すると、毎回このような教科書通りのパターンになるわけではありません**。また、必ず①〜④が順番に発生するわけではなく、③と②が逆に発生したり、しばらく③のパターンが続いたりすることもよくあります。興味のある銘柄のチャートで確認してみましょう。

柔軟にチャートを見るようにする

　そのため、「法則」という言葉に縛られてしまうと、「押し目を付けそうではあるけど、パターン③とは違う気がする…」と考えてチャンスを逃してしまう事態にもなりかねません。

　厳密にパターンを考えることも必要ですが、あくまで**「何となく、このような形になる」**という認識で見ることが大切です。柔軟にチャートを見ていくことで、利益獲得のチャンスにつなげていきましょう。

上昇局面のグランビルの法則

〈ソフトバンクグループ（9984）　日足　2020年3月〜10月〉

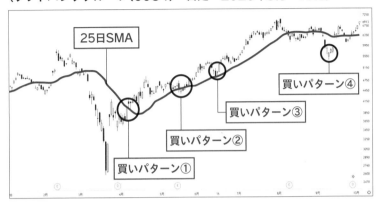

下降局面のグランビルの法則

〈ソフトバンクグループ（9984）　日足　2019年7月〜12月〉

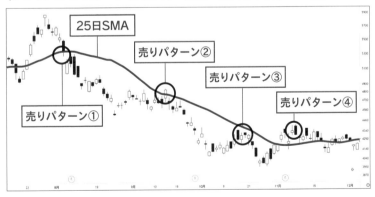

実践

15

反対側の視点も
踏まえて分析する

売り手と買い手両方のの視点を踏まえる

　値動きは、売りたい人と買いたい人がいるからこそ発生します。

　現物株の取引では空売りができないため、つい買い目線でチャートを確認しがちです。ただ、空売りができない銘柄を除けば、「高くなったらから売る、下降トレンドが続きそうだから売る」といった選択を行う投資家も確実に存在します。1つの銘柄に関して買いたい人・売りたい人が、利益を最大化できる売買ポイントを探し合っているのです。

パターンを確認したら値動きを見極める

　その前提で考えると、グランビルの法則を使って買い目線でチャート分析をする場合にも、「売りたい側の目線」を意識しておくことが重要です。たとえば右ページの上図ではしばらく下向きの値動きが続いたあとに、直近のローソク足が移動平均線を上抜けています。買い目線では「買いパターン①」に当てはまりそうな状況ですが、**売り目線では移動平均線は下向きで動いていますし、ローソク足との関係を見ても「売りパターン②」と考えることもできます**。

　下図は上図の続きですが、ここでは「まだ下降トレンドが続く」と判断した人が多かったため、上図以降も下降トレンドが継続していて、売りの視点が抜けたまま安易に買ってしまうと損失が出た場面です。こうした事態を避けるためにも、値動きを見極めることが重要なのです。

売り目線から株価変動を予測する

〈ファーストリテイリング（9983）　日足　2019年10月～2020年3月〉

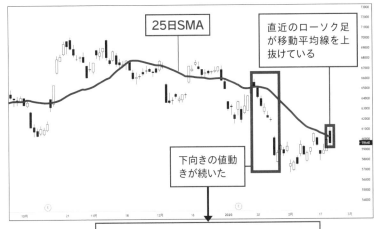

25日SMA

直近のローソク足が移動平均線を上抜けている

下向きの値動きが続いた

直近の株価の上昇から……
買いパターン①に見えるが、移動平均線は下向きで動いていて売りパターン②とも考えられる

〈ファーストリテイリング（9983）　日足　2020年1月～4月〉

25日SMA

売りの視点でみると、安易に買って損失を出すことが減る

下降トレンドが継続している

実践

16

複数の移動平均線とグランビルの法則を使う

分析したい視点に合わせて移動平均線を選ぶ

　グランビルの法則の応用編として、表示する移動平均線を増やすと、値動きに対してより柔軟に対応できるようになります。ここでは使用する移動平均線を2本に増やした場合の変化について考えてみましょう。

　25日SMAを基本線として、値動きをより細かく見ていきたい場合は10日SMA、広く見たい場合は75日SMAというように、分析したい視点に合わせて追加する移動平均線を選びます。

　25日SMAより短い期間の移動平均線を使うケースを例に説明していきましょう。たとえば25日SMAのみを表示している右ページの上図では、**○で囲んだAのポイントで横ばいに近い移動平均線をローソク足が上抜けています**。したがってグランビルの法則における買いパターン①となります。

　ただ、それ以降は上方向への勢いが強く25日SMAとのかい離が大きくなっています。買いパターン③で入ろうと思っても25日SMAから少し遠い位置にローソク足があるため、どこがエントリーポイントとなるのか判断が難しい状況です。

　また、ようやくローソク足が25日SMAを下抜けたことでパターン②になりましたが、そのあと少し上げてから上昇トレンドが終了しています。このように**トレンドは25日線を軸に調整しながら徐々に上下に動いていくことが多いです**。

値動きの勢いが強いチャートとグランビルの法則

〈GMOグローバルサインHD（9690）　日足　2020年3月〜7月〉

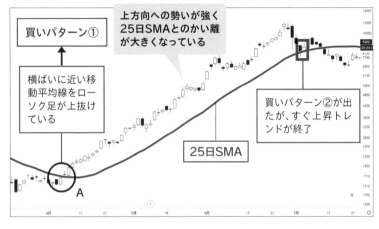

買いパターン①

横ばいに近い移動平均線をローソク足が上抜けている

上方向への勢いが強く25日SMAとのかい離が大きくなっている

買いパターン②が出たが、すぐ上昇トレンドが終了

25日SMA

A

グランビルの法則と25日SMAと10日SMA

GMOグローバルサインHD（9690）　日足　2020年1月〜4月〉

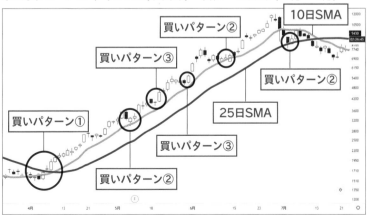

買いパターン②

買いパターン③

買いパターン①

買いパターン②

買いパターン③

買いパターン②

10日SMA

買いパターン②

25日SMA

25日SMAより短い数値の移動平均線を表示する

　しかし、109ページの上図のような値動きの勢いが強い場合には、そうした調整なしで一気にトレンドを形成することもあり、25日SMAだけでは肝心な「トレンドの中盤」を取り逃してしまう可能性があります。そこで、**25日SMAよりも短い数値の移動平均線を表示することで、エントリーできるポイントを増やす**という戦略が考えられます。

　109ページ下図は上図のチャートにそのまま10日SMAを加えたものでAのポイント以降も、いくつかパターン②と③に該当する箇所があります。こうした場所を見極めてエントリーすることで、トレンドの中盤を取り逃さない売買を行うことができるのです。

トレンドの始点と終盤にも注目する

　また、右ページの上図ではトレンド中盤のエントリー以外にも、注目すべき点がいくつかあります。たとえばトレンドの始点である買いパターン①が**10日SMAと25日SMAでほぼ同じタイミングで出ているという点です**。10日と25日という2つの視点で買いのサインが重なるということは、相対的に短期の投資家と、中期的なトレーダーが同様に「買い」を判断していると考えることができます。したがって25日SMAだけで判断するよりも強い状況といえるでしょう。

　さらに、トレンドの終盤を見たとき、右ページの下図で○で囲っている箇所は、25日SMA目線では買いパターン②ですが、10日SMAで見ると買いパターン④と考えることができます。買いパターン④はトレンドに対して逆張りであり、エントリーしてからさらに下げるリスクを伴います。しかし、25日SMA目線では買いパターン②となることから「**短期のリバウンド狙いでエントリーし、25日SMAを再度下抜けるようなら損切り**」などと売買計画を立てやすくなります。

SMAの重なりで強い買いサインを見つける

〈GMOグローバルサインHD（9690）　日足　2020年3月〜7月〉

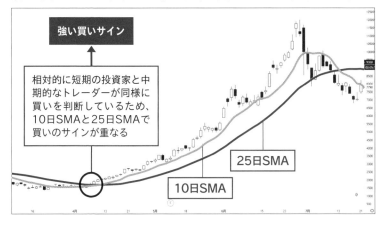

強い買いサイン

相対的に短期の投資家と中期的なトレーダーが同様に買いを判断しているため、10日SMAと25日SMAで買いのサインが重なる

25日SMA

10日SMA

戦略のバリエーションを増やす

〈GMOグローバルサインHD（9690）　日足　2020年3月〜7月〉

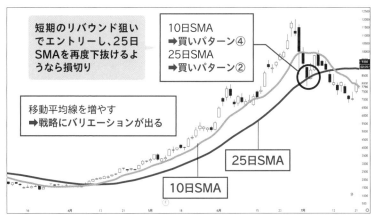

短期のリバウンド狙いでエントリーし、25日SMAを再度下抜けるようなら損切り

10日SMA
➡買いパターン④
25日SMA
➡買いパターン②

移動平均線を増やす
➡戦略にバリエーションが出る

25日SMA

10日SMA

実践

17

パーフェクトオーダー
との合わせ技を使う

パーフェクトオーダーを活用する

　複数の移動平均線とグランビルの法則の組み合わせという考え方であれば、「パーフェクトオーダー」にも応用できます。

　パーフェクトオーダーについては70ページで紹介しましたが、少しおさらいしましょう。

　複数の移動平均線がパラメーターの大きい順に下から並び、ローソク足が移動平均線の上で推移している状態を「上向きのパーフェクトオーダー」といいます。反対に移動平均線がパラメーター大きい順に上から並んでいて、ローソク足がその下で推移している状態を「下向きのパーフェクトオーダー」と考えます。

パーフェクトオーダーにグランビルの法則を加える

　上下どちらかでパーフェクトオーダーが発生している場合、トレンドがかなり強い状態であるため、**上昇であれば「買いが有利な（売らない）場面」、下降であれば「売りが有利な（買わない）場面」**とそれぞれ判断できます。

　ただ、パーフェクトオーダーだけでは、具体的にどの場面で売買するのかという細かい判断が難しいです。

　ここにグランビルの法則を加えることで利益を最大化できるポイントが探しやすくなるのです。

パーフェクトオーダーとトレンドの転換点を見る

〈スノーピーク（7816）　日足　2019年7月～2020年11月〉

75日SMAが下向きから上向きに転換している

上向きのパーフェクトオーダーが現れやすくなっている

25日SMA

10日SMA

75日SMA

パーフェクトオーダーになっている期間を区切る

〈スノーピーク（7816）　日足　2019年7月～2020年11月〉

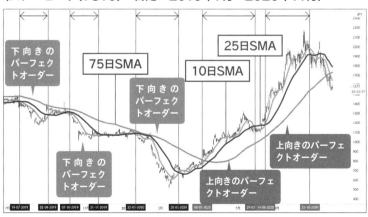

下向きのパーフェクトオーダー

75日SMA

25日SMA

10日SMA

下向きのパーフェクトオーダー

下向きのパーフェクトオーダー

上向きのパーフェクトオーダー

上向きのパーフェクトオーダー

113

パーフェクトオーダーを認識しやすくする

　たとえば113ページの上図は日足チャートに10日SMA、25日SMA、75日SMAを表示したものです。まず大きな流れを見ると、2020年6月を境に75日SMAが下降トレンドから上昇トレンドに転換していることがわかります。これをさらに細かく分析していきましょう。

　113ページの下図では前半の下降トレンド・後半の上昇トレンドの中で、3本の移動平均線がパーフェクトオーダーになった期間を縦軸で区切っていて、2019年6月から直近までの値動きの中で、下方向のパーフェクトオーダーが3回、上方向のパーフェクトオーダーが2回発生しています。**パーフェクトオーダーの始点をチャートの縦軸に表示しておくとパーフェクトオーダーが認識しやすくなる**のでお勧めです。

損失を最小限に抑えて利益を狙っていく

　右ページの上図は前半の下降トレンド中のパーフェクトオーダーに焦点を当てたものです。ここから具体的なエントリーポイントを探していきましょう。パーフェクトオーダーとグランビルの法則を組み合わせる場合、トレンドに沿った売買となるため、基本的には売買パターン①、②、③が中心となります。

　その視点で分析すると、10SMAに対して戻り目を付けてから反転したAのポイントや、25日SMAや75日SMAまで深く戻り目を付けてから反転したBのポイントなどでエントリーできることがわかります。

　上昇トレンドの中のパーフェクトオーダーを示した右ページの下図でも同じ考え方ができます。一度SMAに近づいたローソク足が、反発して上昇していくポイントを見つけることができれば、**ある程度高いところで買ってしまっても、パーフェクトオーダーが続く限り、損失を最小限に抑えながら、利益を狙っていくことができるのです。**

パーフェクトオーダーとグランビルの法則

〈スノーピーク（7816）　日足　2019年7月〜2020年3月〉

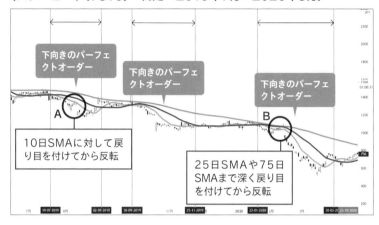

下向きのパーフェクトオーダー

下向きのパーフェクトオーダー

下向きのパーフェクトオーダー

10日SMAに対して戻り目を付けてから反転

25日SMAや75日SMAまで深く戻り目を付けてから反転

パーフェクトオーダーになっている期間を区切る

〈スノーピーク（7816）　日足　2019年7月〜2020年11月〉

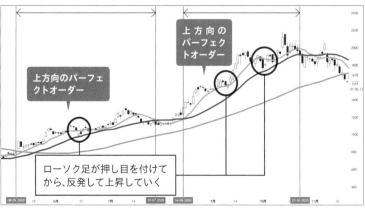

上方向のパーフェクトオーダー

上方向のパーフェクトオーダー

ローソク足が押し目を付けてから、反発して上昇していく

115

GCとDCを
チャート分析に用いる

GCやDCは相場でも多くの人に親しまれている

　移動平均線のチャート分析において、教科書的な売買サインとして知られているのが2本の移動平均線のGC（ゴールデンクロス）とDC（デッドクロス）です。たとえば10日SMAと25日SMAをチャートに表示して、右ページの上図のように10日SMAが25日SMAを上抜けるとGCで買いサイン、反対に下抜けるとDCで売りサインとなります。

　確かに、**GCが発生するということは、長期的な投資家の動向が下向きまたは横ばいの状態に対して、短期的な投資家の動きが先に上昇に転じているということになります**。つまり下降トレンドから上昇トレンドへ転換のサインとして考えることができるのです。視覚的にもわかりやすいので相場でも多くの人に親しまれているのは事実です。

GCやDCは自分で十分に検証した上で採用する

　ただ、GCやDCをチャート分析の根拠とする場合に注意したいのが、**表示する移動平均線のパラメーターによってポイントが大きく変わるという点です**。右ページの下図は先ほどのチャートに25日SMAと75日SMAを表示したものです。ここでのGCは10日SMAと25日SMAがGCする場所よりも後ろになります。投資に関する書籍などで「GC・DC」をテーマにしたものもありますが、実際の相場で効果的に機能するかどうかは十分に検証した上で採用するようにしましょう。

GCとDCで株価の転換ポイントを見つける

〈日経225先物　日足　2020年2月〜8月〉

10日SMAが25日
SMAを下抜けるDC

売りサイン

10日SMA

25日SMA

10日SMAが25日
SMAを上抜けるGC → **買いサイン**

GCやDCはSMAの組み合わせで変化する

〈日経225先物　日足　2020年2月〜8月〉

25日SMAが75日
SMAを下抜けるDC

売りサイン

75日SMA

25日SMAが
75日SMAを上
抜けるGC → **買いサイン**

25日SMA

**10日SMAと25日SMAの
GCよりも後ろに現れている**

銘柄ごとにパラメーターを変える

　移動平均線のパラメーター設定に関して、日足ベースではおもに25日の設定で解説してきました。ただ、これはあくまで基礎的な話で、扱いに慣れてきたら銘柄ごとにパラメーターを微調整するのも1つの手です。

　個人投資家が取引できる国内銘柄は3700社以上あり、そのうち25日SMAがすべての銘柄で100％機能するわけではありません。銘柄のよってパラメーターを微調整することで、売買パターンを判断しやすくなるケースもあります。25日SMAは重要な数値ですが、あくまで「最大公約数」なのです。

　とはいえ、テクニカル分析に正解はないですし、個別の数字にこだわりすぎると適切な損切ができなくなる危険性もあります。その点には十分注意しておきましょう。

テクニカル分析に正解はない

銘柄のよって パラメーターを 微調整する	→	売買パターンを 判断しやすくなる

25日はあくまで「最大公約数」

➡ 銘柄に合ったパラメーターを選択する

5章

+α

実践的な
移動平均線の
応用方法

この章では、移動平均線の応用について紹介してい
きます。移動平均線で何を判断するのか、実際の
チャートを見ながら、考えていきましょう

+α
01

買いの例①
トレンドの序盤

どこから買い目線を持つのか考える

　5章ではここまで解説してきた内容を踏まえて、移動平均線を使った具体的なチャート分析のやり方を解説します。基本的には2本の移動平均線（主に10日SMA、25日SMA）を使用し、エントリーポイントはグランビルの法則を基準にしています。そのほか、トレンド分析にダウ理論も併用しているので、不安がある場合は一度該当ページを復習しておくとよいでしょう。

　買いの例①は良品計画（7453）の日足チャートを見ていきます。まず、具体的な買いポイントを探す前に、「どこから買い目線を持つのか（＝環境認識）」を考えるのが、チャート分析のスタート地点です。

　右ページの下図では、2020年4月以降しばらく上昇トレンドが続いたあと、6月以降は下降トレンドに転換しています。10日SMAと25日SMAはどちらとも下向きな上、ダウ理論でも下降トレンド継続の条件を満たしており、この状況が続く限りは買う場面ではありません。

　ただ、「ここからどのように動けば下降トレンドが崩れるのか」というイメージは常に考えておく必要があり、上図に示したようにダウ理論でのトレンド転換となる直近の高値には、水平線を引くなどしておくとよいでしょう。少しローソク足を進めた123ページの上図では、先ほど直近の高値に引いた水平線を上抜け、トレンド転換の条件を満たしています。

ダウ理論のトレンド継続

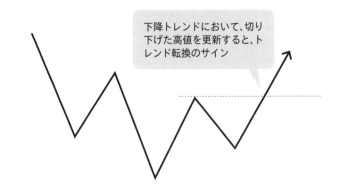

下降トレンドにおいて、切り下げた高値を更新すると、トレンド転換のサイン

下降トレンドの継続

〈良品計画(7453) 日足 2020年3月〜7月〉

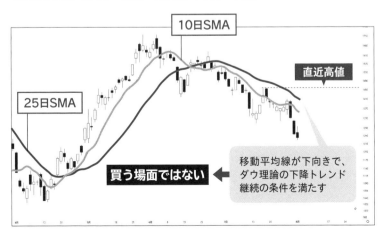

10日SMA

直近高値

25日SMA

買う場面ではない

移動平均線が下向きで、ダウ理論の下降トレンド継続の条件を満たす

121

高値に飛び付かず押し目で買う

また、10日SMAは一気に上向きになり25日SMAも横ばい気味になってきているので、環境認識としてここからは「売らない場面」と考えます。

ちなみに、直近の高値を上抜けたローソク足が10日SMAと25日SMAを上抜けているため、ここでグランビルの法則における買いパターン①になっています。この時点で買うという選択肢もありますが、大きく窓を開けており高値に飛び付くことになってしまいます。それを避けるためにも、**移動平均線まで一度押して再度上方向に戻す、右ページ上図の○で囲ったポイントを狙うとよいでしょう**。グランビルの法則でいえば25日SMAでのパターン③が該当します。

調整したタイミングでエントリーを狙う

右ページの下図ではさらにチャートを進めています。上図のポイントでエントリーできなかった場合は、**次に移動平均線まで調整したタイミングでエントリーを考えます**。この期間はローソク足が10日SMAの上側で常に動いているため、下から買えて含み益が出ている場合、10日SMAを下抜けたらポジションの一部を利確しておくのも1つの手です。

下図の○で囲った3カ所で、そこまで続いた上昇トレンドが少し調整しましたが、ダウ理論でもまだ上昇トレンドは崩れていませんし、25日SMAも上向きが続いているので、ここでは「25日SMAを明確に下抜けてきたら売り目線」というスタンスで考えます。

下図では直近のローソク足が上向きに反発していて、10日SMA目線では買いパターン④、25日SMAでは買いパターン②が重なっていることから、新規の買いエントリー、もしくは積み増しの買いを行えるポイントです。

押し目を狙う（121ページの下図の続き）

〈良品計画（7453）　日足　2020年3月～8月〉

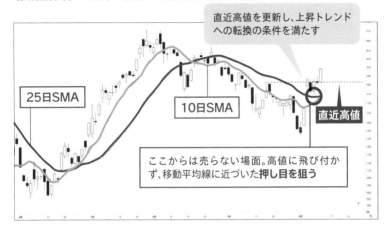

直近高値を更新し、上昇トレンド
への転換の条件を満たす

25日SMA

10日SMA

直近高値

ここからは売らない場面。高値に飛び付か
ず、移動平均線に近づいた**押し目を狙う**

調整を狙う（上図の続き）

〈良品計画（7453）　日足　2020年6月～10月〉

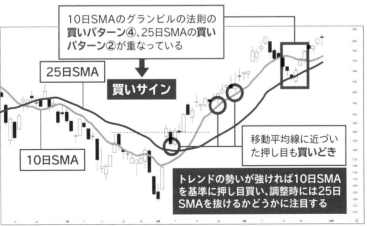

10日SMAのグランビルの法則の
買いパターン④、25日SMAの**買い
パターン②**が重なっている

25日SMA

買いサイン

10日SMA

移動平均線に近づい
た押し目も買いどき

トレンドの勢いが強ければ10日SMA
を基準に押し目買い、調整時には25日
SMAを抜けるかどうかに注目する

実践的な移動平均線の応用方法

02 買いの例②
トレンドの中盤

トレンド転換に備える

　買いの例②では、トレンドが継続する場合のエントリーポイントの探し方を見ていきます。右ページの上図は買いの例①（120 〜 123ページ）の続きで、直近のローソク足を見ると2本の移動平均線は上向きで基本的には上昇トレンドの勢いは衰えていないと判断できます。

　ただ、環境認識として常に「ここからどのように動けばトレンドが崩れるのか」を考えておく必要があります。ダウ理論における上昇トレンド転換の形をイメージすると、仮に直近のローソク足が前回安値（下に引いた点線）を下抜けるとトレンド転換の条件に当てはまります。

　一方で、仮に上の点線を抜ける場合は上昇トレンドの継続が確定するため、**直近のローソク足はかなり狭い幅で「トレンド転換・継続」どちらにも転ぶ可能性があると判断できます**。そのため、〇で囲んだようなポイントはグランビルの法則の買いパターン②に当てはまりますが、これを根拠に買う場合は、トレンド転換に備えて直近の安値のような狭い幅で損切りを置くなどの工夫が必要です。

　右ページの下図は少し先に進めたものですが、上図の高値を大きく上抜けて上昇トレンドが継続しています。一度、10日SMAで押し目を付けたあとに大きく上昇していて、ここはグランビルの法則における買いパターン③に該当します。上図より値動きも大きく、「パーフェクトオーダー」ができているので、積極的に狙っていきたい場面です。

〈良品計画（7453）　日足　2020年6月〜10月〉

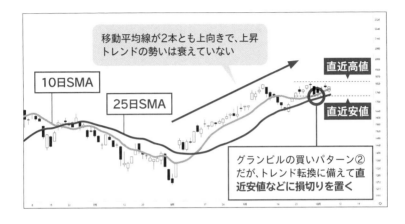

移動平均線が2本とも上向きで、上昇トレンドの勢いは衰えていない

10日SMA

25日SMA

直近高値

直近安値

グランビルの買いパターン②だが、トレンド転換に備えて直近安値などに損切りを置く

上昇トレンドが継続（上図の続き）

〈良品計画（7453）　日足　2020年7月〜10月〉

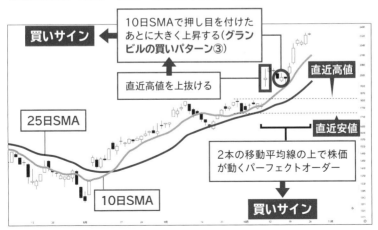

10日SMAで押し目を付けたあとに大きく上昇する（グランビルの買いパターン③）

買いサイン

直近高値を上抜ける

25日SMA

10日SMA

直近高値

直近安値

2本の移動平均線の上で株価が動くパーフェクトオーダー

買いサイン

5章

実践的な移動平均線の応用方法

10日SMAの下抜けで利確

　125ページの下図を少し進めた右ページの上図では、直近の値動き
で10日SMAを下抜けてきています。ここでの考え方は2通りあり、1
つは10日SMAと25日SMAのパーフェクトオーダーを基準にして、こ
れが崩れているため、10日SMAを下抜けたタイミングで利確するとい
うものです。**125ページの下図の○のポイント（もしくはそれよりも下）
で買っていた場合は、ここで利益確定してもよいでしょう。それがトレ
ンドのもっとも「おいしい部分」だけを取るやり方です。**

　もう1つは25日SMAを基準にして、ここを抜けるかどうかでトレン
ドの終盤を見極める方法です。仮に25日SMA付近で反発するようなら、
上昇トレンドの押し目ということになります。また、直近安値は下抜け
ていないため、ダウ理論でもまだ明確に上昇トレンドの転換のサインは
出ていないため、さらに大きな上昇が見込める場合はこのようなスタン
スで分析するのも1つの手です。

再現性の有無に注目する

　右ページの上図からさらにローソク足を進めた下図では、25日SMA
を軸に買いパターン②が出たあとに再度上向きの動きに戻ったあと、も
み合いになっていることがわかります。

　興味深いのは、123ページの下図で解説した動きと同じように、10
日SMAの買いパターン④と、25日SMAの買いパターン②が重なって
いるという点です。トレンドという1つの流れの中では、こうした似た
ような動きが起こることがあります。**グランビルの法則の基本的な形を
含めて「再現性があるかどうか」という点に注目し、チャートを確認し
ていくことも重要です。**

10日SMAを下抜ける（125ページの下図の続き）

〈良品計画（7453）　日足　2020年7月〜11月〉

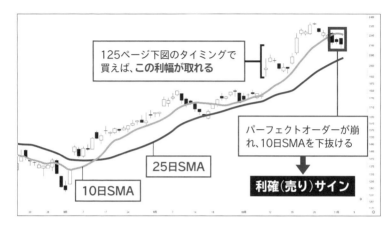

125ページ下図のタイミングで買えば、**この利幅が取れる**

25日SMA

10日SMA

パーフェクトオーダーが崩れ、10日SMAを下抜ける

利確（売り）サイン

もみ合いになる（上図の続き）

〈良品計画（7453）　日足　2020年7月〜11月〉

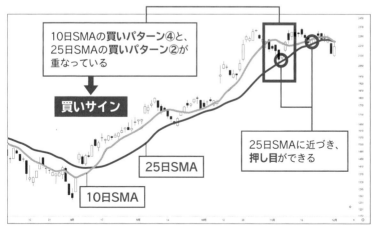

10日SMAの**買いパターン④**と、25日SMAの**買いパターン②**が重なっている

買いサイン

25日SMAに近づき、**押し目ができる**

25日SMA

10日SMA

買いの例③
トレンドの終盤

どれだけトレンドに乗れるかが重要

　127ページの下図から続く値動きでは、最終的に株価が10日SMA
と25日SMAを下抜けて、ダウ理論でもトレンドの転換のサインが出て
いるため、ここで上昇トレンドが終了したと考えます。右ページの図で
は一連の上昇トレンドの序盤から終盤にかけて、グランビルの法則でエ
ントリーできるポイントを〇で囲んでいます。どのポイントも、基本的
には10日SMAのパターン②と③、25日SMAのパターン②と③を使っ
てエントリーしていることがわかります。

　ちなみに、最後のエントリーは25日SMAのパターン②ですが、これ
を基準にエントリーした場合、株価は少し上昇したあとに失速し最終的
にトレンドが転換しているため損切りで終了します。損失で終わるト
レードは一見失敗に見えますが、むしろこれはよいことです。とくに**順
張りの戦略を取る場合、「トレンドが終了する明確なポイント」を気に
しすぎるよりも、「どれだけトレンドに乗れるか」のほうが重要**になっ
てきます。

　その意味で、先ほどのポイントのように狙える場所があれば積極的に
狙い、最終的に損切りになるのであればそこがトレンド終了のサインと
考えて手じまいするのが、順張り戦略の基本的な考え方なのです。つま
り、ひとつひとつのトレード結果よりも、「トータルで勝てたかどうか」
に注目してトレードするということです。

〈良品計画（7453）　日足　2020年7月〜12月〉

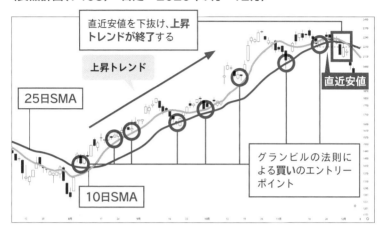

直近安値を下抜け、上昇
トレンドが終了する

上昇トレンド

25日SMA

10日SMA

直近安値

グランビルの法則に
よる買いのエントリー
ポイント

狙えるポイントがあれば積極的に狙い、最終的に損切り
するのが順張りの基本的な考え方

トレンドを的確に把握し、どれだけトレンドに乗れるか
を重要視してエントリーする

ココが
Point!

ひとつひとつの結果よりも
トータルで勝てるかに注目する

5章

実践的な移動平均線の応用方法

買いの例④
移動平均線を変更

75日SMAを使ってダマシを減らす

　買いの例としてもう1つ、25日SMAと75日SMAを使ったケースを見ていきましょう。25日SMAを短期、75日SMAを長期と考えることで、先ほどまでの分析と同様にグランビルの法則を使ったエントリーポイントを探すことができます。**10日SMAを使った分析よりもダマシを少なくしたい場合はより長い時間軸で考えるのも1つの手です。**

　右ページの図では、グランビルの法則をもとにエントリーポイントを〇で囲っています。先ほどまでと同様に、まずダウ理論を使って「売る場面」ではないことを確認し、ローソク足が移動平均線に近づいて押し目を作ったポイントでエントリーしていきます。その考え方からすると、25日SMAを最初に抜けた買いパターン①はまだトレンドの転換が確定していないので、少し様子見したほうがよいでしょう。

　ここでは、75日SMAを使っているため、より長期間の値動きを視覚化しています。そのため、6月から7月にかけて一時的にトレンド転換をしていますが、3つ目の〇付近の値動きで75日SMAを下抜けていないので、上昇トレンドの押し目と判断できます。

　もう少し慎重にエントリーしたい場合は、直後の25日SMAを上抜けるポイントまで待つと「25日SMAの買いパターン①」「75日SMAの買いパターン②」「上方向のパーフェクトオーダー」「ダウ理論のトレンド転換」と根拠が重なるので、エントリーの確度が高まります。

....

長い時間軸でトレンドを見る

....

〈ファーストリテイリング（9983）　日足　2020年2月〜12月〉

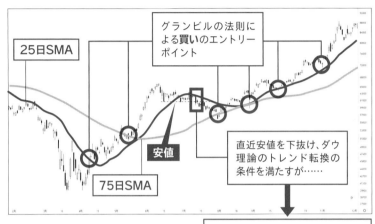

25日SMA

グランビルの法則に
よる買いのエントリー
ポイント

安値

75日SMA

直近安値を下抜け、ダウ
理論のトレンド転換の
条件を満たすが……

75日SMAを下抜けていないため、
上昇トレンドの押し目

5章 実践的な移動平均線の応用方法

10日SMAを使った分析よりもダマシを少なくしたい

⬇

75日SMAを使うことでより長期間の値動きを視覚化で
き、慎重に判断できるようになる

⬇

上図で直後の25日SMAを上抜けるポイント（最後の○）まで待つと

・25日SMAの買いパターン①
・75日SMAの買いパターン②
・上方向のパーフェクトオーダー
・ダウ理論のトレンド転換

4つの根拠が重なり、さらに慎重にエントリーできる

+α
05
売りの例①
トレンドに乗る

トレンドの転換で「買わない場面」へ

　移動平均線を使った売りのエントリー例も見てみましょう。売りの場合も、基本的な考え方は単純に買いの例を反対にしたもので、まず最初に行うのは環境認識です。

　右ページの上図はワークマン（7564）の2019年9月〜2020年1月までのチャートです。8月から一貫して上昇トレンドで進んでいます。直近の値動きも25日SMAを下抜けてはいますが、ここから反発すればグランビルの法則の買いパターン②に当てはまります。一方で売り目線で見ると、10日SMAもしくは25日SMAの売りパターン①と考えることもできますし、ダウ理論で考えると、直近の値動きを含めてトレンド転換のサインが出ています。

　つまり、買いと売り両方のエントリーポイントが交錯していて、直近のローソク足では判断が難しい状況であり、いずれにしても**次のローソク足次第でトレンドの継続・反転が決まる重要な場面といえます。**

　右ページの下図は上図を少し進めたもので、25日SMAを下抜けたあと、少し反発しましたが、その後陰線のローソク足が続き、トレンド転換しています。この時点で少なくとも「買わない場面」に移行したことがわかりますし、続くローソク足で下降トレンドに移行しています（ダウ理論）。となると、次は目線を切り替えて下降トレンドが続く限り「売るポイント」を探していきます。

トレンド転換のサインを見逃さない

〈ワークマン(7564) 日足 2019年9月〜2020年1月〉

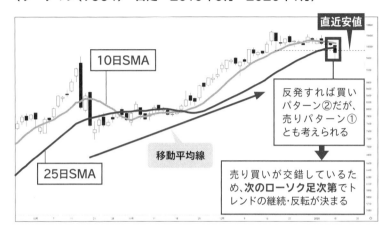

直近安値

10日SMA

移動平均線

25日SMA

反発すれば買い
パターン②だが、
売りパターン①
とも考えられる

売り買いが交錯しているた
め、**次のローソク足次第**でト
レンドの継続・反転が決まる

下降トレンドへ転換(上図の続き)

〈ワークマン(7564) 日足 2019年9月〜2020年1月〉

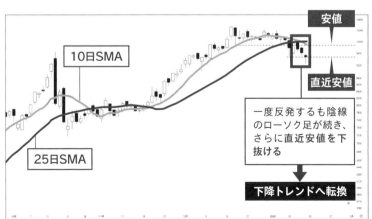

安値

10日SMA

25日SMA

直近安値

一度反発するも陰線
のローソク足が続き、
さらに直近安値を下
抜ける

下降トレンドへ転換

133

下降トレンドを追いかけてエントリー

右ページの上図は先ほどの下降トレンドが終わるまでチャートを進めたもので、10日SMAに一度戻してから再度トレンド方向に向かう○のポイントはグランビルの法則の売りパターン②・③に当てはまるため、こうした場所で売りエントリーをしていきます。このチャートでは、下降トレンドの始まりから終わりまで、基本的に10日SMAの下で推移していて、下向きのパーフェクトオーダーが続いていることからも、下降トレンドの勢いがかなり強かったことがわかります。このチャートでは、**終盤にダウ理論のトレンド転換・10日SMAと25日SMAの上抜けが綺麗に出ていて、ここでトレンド転換したことが明確に判断できます。**

ただ、実戦ではこうした綺麗な動きだけでなく反転時にダマシを含むことも多いため、128ページで解説したように、売りの場合も「下降トレンドがいつ終わるのか」をチャート上で意識しすぎるとかえって混乱の原因になりがちです。

したがって、基本的には「トレンドを追いかけてエントリーしていき、最終的に損切りで終わる」というトータルで勝つトレードを意識しておいたほうがよいでしょう。

トレンド転換の前後で売りと買いが交錯

また、右ページの下図は先ほどのまでのチャートに、売りと買いそれぞれ①〜③に当てはまるポイントを矢印で示したものです。上昇トレンドに転じた右側も含めて、**売りと買いのポイントが交錯するのはどちらもトレンドが転換する前後がほとんどです。**逆にトレンドの継続が確定すると、その反対のエントリーを行えるポイントは極端に少なくなっていることがわかります。このように順張りではとくにトレンドの中盤にエントリーするほうが、利益を得られる確率が高いといえます。

下降トレンドに乗る（133ページの下図の続き）

〈ワークマン（7564）　日足　2019年11月〜2020年4月〉

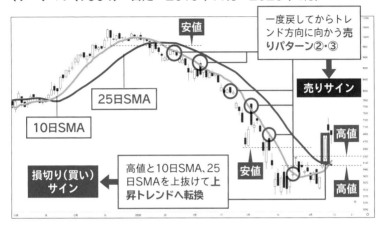

安値

一度戻してからトレンド方向に向かう売りパターン②・③

売りサイン

25日SMA

10日SMA

高値

安値

高値

損切り（買い）サイン

高値と10日SMA、25日SMAを上抜けて上昇トレンドへ転換

トレンド中盤を狙う（上図の続き）

〈ワークマン（7564）　日足　2019年11月〜2020年6月〉

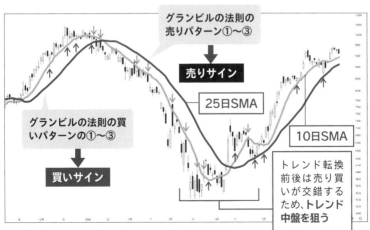

グランビルの法則の売りパターン①〜③

売りサイン

25日SMA

10日SMA

グランビルの法則の買いパターンの①〜③

買いサイン

トレンド転換前後は売り買いが交錯するため、トレンド中盤を狙う

5章　実践的な移動平均線の応用方法

135

+α
06
売りの例②
3本のSMAを使う

売り買いのサインが交錯する

　75日SMAを追加して移動平均線の組み合わせを10日SMA、25日SMA、75日SMAの3本で分析するパターンも見ておきましょう。

　右ページの上図は日本たばこ産業（2914）の2018年10月〜2019年4月の日足です。ここでもまずは環境認識から始めます。2019年1月以降上昇が続いたため、**25日SMAを上抜け後、上昇トレンド転換サインの発生・75日SMAの上抜けが重なり、一時的に大幅な上昇がありました**。そのため、75日SMAは下向きが続いていますが、少なくとも2月〜3月までの期間は「売る場面」ではありません。

下降トレンドに乗ってエントリー

　ただ、3月後半になると強い売りが出てきて、トレンド転換のサインが出ています。10日SMAが25日SMAをデッドクロスしていて、**4月に入る前後で25日SMAも下向きになり始めたので、短期の平均値が徐々に下降トレンドに戻していることがわかります**。

　右ページの下図は上図以降に発生した下降トレンドの終わりまで進めたもので、○で売りエントリーできたポイントを示しています。3本で分析する場合は、25日SMAと75日SMAが下を向いている間は「売る場面」として捉え、そのうち下向きのパーフェクトオーダーが確認できる場所で売りエントリーを行うとよいでしょう。

下降トレンドの開始

〈日本たばこ産業（2914）　日足　2018年10月〜2019年4月〉

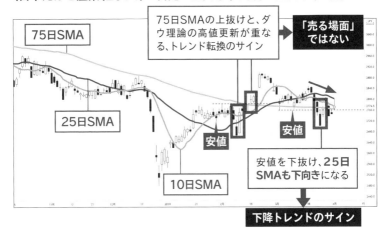

75日SMAの上抜けと、ダウ理論の高値更新が重なる、トレンド転換のサイン

「売る場面」ではない

75日SMA

25日SMA

10日SMA

安値

安値

安値を下抜け、**25日SMAも下向きになる**

下降トレンドのサイン

トレンドに乗ってエントリー（上図の続き）

〈日本たばこ産業（2914）　日足　2019年3月〜9月〉

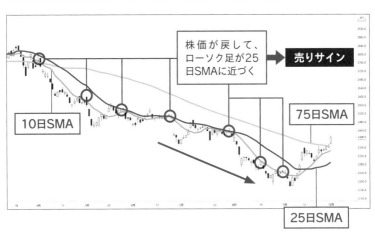

株価が戻して、ローソク足が25日SMAに近づく

売りサイン

10日SMA

75日SMA

25日SMA

5章　実践的な移動平均線の応用方法

137

+α

07

移動平均線で
今後のシナリオを想定

75日SMAを一度上抜けてから反転している

　実戦では未来の株価を事前に知ることは不可能です。そのため、リアルタイムで変動しているローソク足と過去の推移を参考にして、「今後ローソク足がどのように動いたらエントリーするのか」を考え、それを実行する必要があります。

　チャート分析というのは、どれだけベテランのトレーダーでも100%の精度を出せるわけではないので、予想に反した動きをした際に「**どれくらいの含み損を許容できるのか（どこで損切りするのか）**」「**様子見するのか、反対のエントリーを行うのか**」などを事前に想定しておかなければなりません。

　たとえば、右ページの上図を最新の値動きだとして、ここからどのようにシナリオを組むのか考えてみましょう。まず、環境認識としては**25日SMAと75日SMAの両方が下向き、ダウ理論でも下降トレンド継続中ということが判断できます。**

　また、下降トレンドが始まって以降、75日SMAを一度上抜けてから反転するという動きが一貫していて、今後のシナリオとしても75日SMAまでの戻しを待ってから売り（売りパターン②）、もしくはそれよりも早く下降するなら25日SMAを離れたところで売り（売りパターン②）が考えられます。以上が当面のエントリーシナリオだとして、想定した通りにならない場合の対応も考えておきます。

過去の値動きからシナリオを想定

〈ニトリHD（9843）　日足　2018年5月〜2019年6月〉

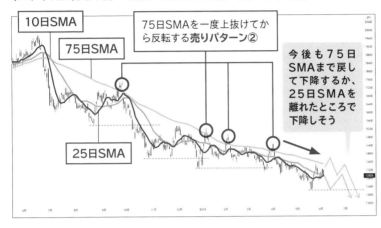

10日SMA

75日SMA

25日SMA

75日SMAを一度上抜けてから反転する**売りパターン②**

今後も75日SMAまで戻して下降するか、25日SMAを離れたところで下降しそう

5章　実践的な移動平均線の応用方法

上図が反転した場合

〈ニトリHD（9843）　日足　2018年5月〜2019年6月〉

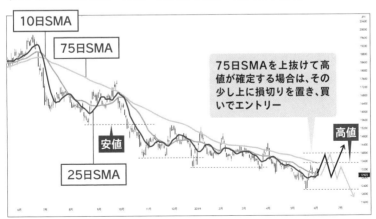

10日SMA

75日SMA

25日SMA

安値

75日SMAを上抜けて高値が確定する場合は、その少し上に損切りを置き、買いでエントリー

高値

反転した場合の動きを考える

　139ページの下図では、139ページの上図と同じチャートに直近の
値動きから反転した場合の動きを矢印で示していて、**損切りを置くポ
イントとしては、仮に75日SMAを一度上抜けたあとに高値が確定する
のであれば、その少し上のライン**が考えられます。このラインをさらに
抜けてくるようであれば、ダウ理論で上昇トレンドが確定するため、こ
れより上で損切りポイントを設定する意味があまりないからです。また、
この時点で環境認識としてはすでに「売る場面」ではなく「買う場面」
に移っているため、目線も切り替える必要があります。

今後のトレンドを想定する

　右ページの上図では、さらに上向きの動きが続いたと仮定して矢印を
引いています。移動平均線の向きなども考慮しなければいけませんが、
仮にこのように上昇する場合は、買い目線でグランビルの法則のパター
ン②や③を狙ってエントリーする場面です。

　逆に右ページの下図では売りエントリーからうまく下降トレンドに乗
れた場合のイメージです。こちらも移動平均線の向きや位置にもよりま
すが、**トレンドが継続しそうな場合は、戻しのあったタイミングで売り
増しなどの対応も想定できます。**

　このように、「どこでエントリーするのか」「エントリー後うまく動
かなかった場合の損切りポイント」「想定と反対のトレンドが出た場合、
どこで目線を切り替えるのか」「エントリーがうまくいった場合に、ど
こでポジションを追加するのか」というようなシナリオをいくつかイ
メージしておくと、冷静な目線の切り替えが可能になる上、トレードの
精度向上にもつながります。

139ページの下図の上昇トレンドが続いた場合

〈ニトリHD（9843）　日足　2018年5月〜2019年6月〉

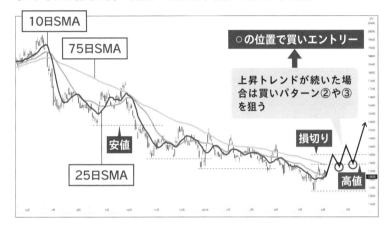

○の位置で買いエントリー

上昇トレンドが続いた場合は買いパターン②や③を狙う

10日SMA

75日SMA

25日SMA

安値

高値

損切り

139ページ上図の下降トレンドが継続した場合

〈ニトリHD（9843）　日足　2018年5月〜2019年6月〉

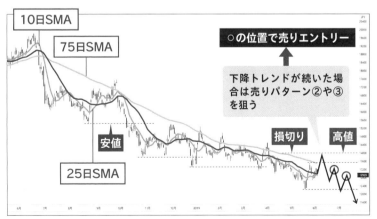

○の位置で売りエントリー

下降トレンドが続いた場合は売りパターン②や③を狙う

10日SMA

75日SMA

25日SMA

安値

損切り

高値

+α
08
オシレーター系RSI
と移動平均線を使う

RSIで株価の売買状況を数値化する

最後に、ここまで解説してきた移動平均線を使ったチャート分析方法と併せて使うことができる、3つのテクニカル指標について触れておきます。まずは、代表的なオシレーター系指標であるRSIです。

そもそもオシレーターとは簡単にいえば「振り子」のことです。振り子が上下どちらかに振れすぎていると、「行きすぎ」を示唆します。RSIは「Relative Strength Index（相対力指数）」の略称で、J.W.ワイルダーが開発したテクニカル指標です。

RSIはN期間の変動幅のうち、直近の上昇力がどの位置にあるか、その相対的な割合を算出して表示するテクニカル指標です。つまりRSIは**現在の株価が一定期間の中で「買われすぎているのか」それとも「売られすぎているのか」を、0～100％の間で数値化しているのです。**

RSIで相対的に相場の「過熱感」を判断する

たとえば、一般的にRSIが70～80％程度まで上昇していれば「買われすぎ」、逆に20～30％まで下降していれば「売られすぎ」と判断します。このように、「売られすぎている」「買われすぎている」といった視点は、ローソク足だけを見ていると感覚的なものでしか判断できませんが、それを**どこかに基準を設定して相対的に相場の「過熱感」を判断するために作られたのです。**

┌─────────── **RSI** ───────────┐

一定の期間で株価が「買われすぎているのか」
「売られすぎているのか」

➡ **0〜100%の間で数値化している**

$$RSI(\%) = \frac{\text{期間中の上昇幅の合計}}{\text{期間中の上昇幅＋下落幅}} \times 100$$

└─────────────────────────────┘

〈日経先物225　日足　2019年4月〜2020年4月〉

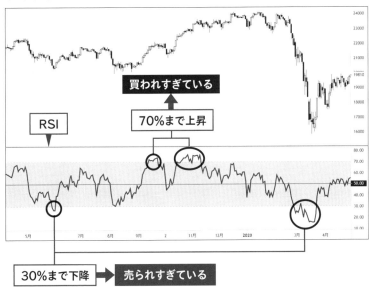

買われすぎている

70%まで上昇

RSI

30%まで下降 ➡ **売られすぎている**

RSIは「使いどき」と「条件」が重要になる

　したがって、RSIを使ってチャート分析をする場合、「70 ～ 80%に達したら買われすぎている＝売り」「20 ～ 30%に達したら売られすぎている＝買い」と判断します。

　RSIで判断できる過熱感というのはあくまで相対的なものであり、RSI上で「買われすぎている」もしくは「売られすぎている」という状況は、そこからさらに株価が過熱することも多いのです（143ページの下図参照）。しかし、だからといってRSIがテクニカル指標として使えないわけではなく、**「使いどき」と「条件」を考える必要があります。**

RSIでより早く好条件で買えるポイントを探す

　まず、使い時に関しては基本的に値幅がある程度限定されている、レンジ相場が適しています。また、上記の通り、特に上昇トレンドが発生しているタイミングでは機能しないことが多いので、20 ～ 30%で「売られすぎ」が判断できる状態だけを見ます。

　右ページの上図は条件が整った例で、2019年の6月と8月はレンジ相場の中でRSIが30%付近まで下がったあとに株価が反転しています。単体でRSIを使う場合はこうした場所に絞って使うと効果的です。

　また、**移動平均線と併せて使う場合は「上昇トレンドに転換する兆候」を見極めるための補助として使うとよいでしょう。** 右ページの下図は10日SMAと25日SMA、RSIを表示したチャートで、RSIが30%に近づいた3つのポイントは、すべて下降トレンドの最終段階で、ローソク足が10日SMAを上抜けてくる前に、すでに上昇トレンドへの転換がRSIで示唆されていたことがわかります。このようにしてRSIを併用することで、早めにトレンド転換の兆候を察知し、より早く買うことができるポイントを探せるのです。

RSIで判断できる過熱感は相対的なもの

〈日経先物225　日足　2018年11月〜2019年12月〉

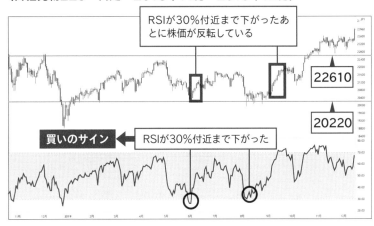

RSIが30%付近まで下がったあとに株価が反転している

22610

20220

買いのサイン ← RSIが30%付近まで下がった

〈日経先物225　日足　2018年11月〜2019年12月〉

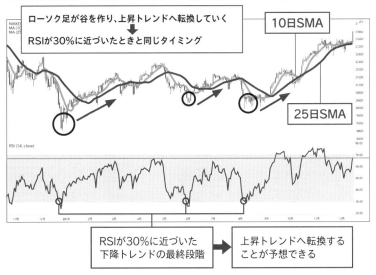

ローソク足が谷を作り、上昇トレンドへ転換していく
RSIが30%に近づいたときと同じタイミング

10日SMA

25日SMA

RSIが30%に近づいた
下降トレンドの最終段階 → 上昇トレンドへ転換する
ことが予想できる

+α
09
ボリンジャーバンドと移動平均線を使う

移動平均線をアレンジしたボリンジャーバンド

　ボリンジャーバンドについては有名なテクニカル指標の1つなので、一度は耳にしたことがある人も多いのではないでしょうか。こちらは、先ほどのRSIのように「併せて使う」というよりも、「移動平均線をアレンジして作られたテクニカル指標」という立ち位置です。

　ボリンジャーバンドは、米国の金融アナリストであるジョン・ボリンジャー氏によって作られたテクニカル指標で、右ページの下図のように**赤色の中心線（基準線などとも呼ばれます）の上下に位置している帯（バンド）**のことを指します。

ボリンジャーバンドの中心線は移動平均線

　ボリンジャーバンドの中心線は単純移動平均線できていますが、正確にはTP（ティピカルプライス＝高値・安値・終値を足して3で割った数値）の単純移動平均線です。ただ、TPに対応したソフトが少ないため、一般的な終値の移動平均線で代用しています。このバンドの計算式には「標準偏差」という統計学の概念が使われていて、先ほど上図で表示した上下3本ずつのバンドは、それぞれで「値動きが一定の確率でバンド内に収まる範囲」を示しています。各バンドは**中心線から近い順に上側は「＋1σ（シグマ）」「＋2σ」「＋3σ」、下側は「−1σ」「−2σ」「−3σ」**と呼ばれています。

値動きの範囲を示すボリンジャーバンド

| +3σ | +2σ | +1σ | 中心線 | −1σ | −2σ | −3σ |

約68.3%

約95.4%

約99.7%

株価がそれぞれのバンド内に収まる確率

〈ニトリHD（9843）　日足　2020年4月〜7月〉

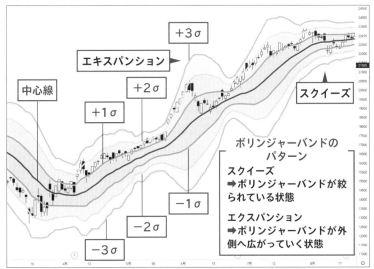

エキスパンション

中心線

+3σ

+2σ

+1σ

−1σ

−2σ

−3σ

スクイーズ

ボリンジャーバンドの
パターン

スクイーズ
➡ボリンジャーバンドが絞
られている状態

エクスパンション
➡ボリンジャーバンドが外
側へ広がっていく状態

「トレンドの強弱」を知るために使う

　ボリンジャーバンドの±1σの範囲内に収まる確率は約68.3％、±2の範囲内に収まる確率は約95.4％、±3σの範囲内に収まる確率は約99.7％となっています。つまり、通常、ほとんどの場合に株価は±2〜3σの中に納まるため、これらのバンドを超えることはめったにありません。ボリンジャーバンドはこうした特性から、「売られすぎ」「買われすぎ」を判断する指標とされていることが多いですが、実際は**「トレンドの強弱」を知るためのツールとして使うほうが有効なのです。**

　具体的には、±2σをローソク足が超えるかどうかに注目します。上記の通り、ローソク足が±2σの中に納まる確率はおよそ95％なので、一般的に考えれば「ありえないこと」なのですが、**「ありえないことが起きるほど、トレンドが強まっている」とも考えることができます。**

順張りで行うときはバンドウォークを必ず確認

　ボリンジャーバンドを使う場合に併用したいのが「バンドウォーク」です。右ページの上図では、実際に**ローソク足が＋2σを超えたあと、中心線を下抜けずに＋2σと中心線の間できれいに動いています。**この状態のことをバンドウォークといい、ボリンジャーバンドを使った順張り手法を行う場合は必ず確認する必要があります。

　また、**ボリンジャーバンドの中心線が移動平均線であるため、当然グランビルの法則も適用できます。**先程の例でいえば、±2σをブレイクしてバンドウォークが発生したのを確認したあと、ローソク足が移動平均線付近で押し目を作るならグランビルの法則のパターン②や③で追加エントリーができます。また、ボリンジャーバンドの−2〜3σを上抜けるということは、移動平均線とローソク足の間にかい離が見られることになり、グランビルの法則のパターン④を狙うこともできるのです。

〈ニトリHD（9843） 日足 2020年3月〜8月〉

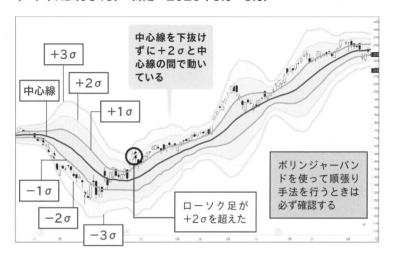

中心線を下抜けずに＋2σと中心線の間で動いている

中心線

＋3σ

＋2σ

＋1σ

−1σ

−2σ

−3σ

ローソク足が＋2σを超えた

ボリンジャーバンドを使って順張り手法を行うときは必ず確認する

〈ニトリHD（9843） 日足 2020年4月〜7月〉

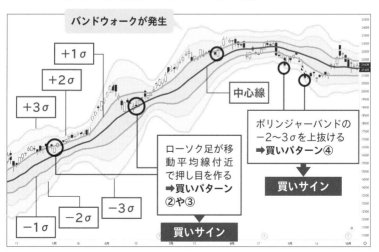

バンドウォークが発生

＋1σ

＋2σ

＋3σ

中心線

−1σ

−2σ

−3σ

ローソク足が移動平均線付近で押し目を作る
➡買いパターン②や③

買いサイン

ボリンジャーバンドの−2〜3σを上抜ける
➡買いパターン④

買いサイン

+α
10
MACDと
移動平均線を使う

「EMAの差の推移」をグラフにしたMACD線

　移動平均線をアレンジしたテクニカル指標の中で、ボリンジャーバンドと並んで有名なのがMACD（Moving Average Convergence/Divergence　移動平均収束／拡散）です。MACDは「**MACD線**」「**シグナル線**」「**ヒストグラム**」という3つの要素からできています。

　計算式を見るとわかるように、MACD線というのは短期と長期のEMA（60ページ参照）の差の推移をグラフ化したものです。右ページの下図では、ローソク足に12日EMAと26日EMAを、下には同じパラメーターを設定したMACDを表示しています。

MACD線の位置を確認する

　ここで注目すべきは、2本のEMAのかい離と、MACD線の0ラインです。MACD線が短期EMA－長期EMAで計算されているということは、「短期EMAと長期EMAの差が0になったポイントはMACD線が0ラインに達した」ということです。この考え方を少し広げると、たとえば下降トレンドが進めば進むほど、短期EMAと長期EMAの差は大きくなるため、MACD線も0ラインよりも下で推移しますし、上昇トレンドの場合は0ラインより上で推移します。つまり、**MACD線の位置を確認することで、「0ラインの位置＝株価が横ばい」「0ラインよりも上＝上昇トレンド」「0ラインよりも下＝下降トレンド」と判断できるのです。**

移動平均線をアレンジしたMACD

MACDはMACD線、シグナル線、ヒストグラムからできている

MACD線
短期EMAと長期EMAの差の推移をグラフにしたもの

シグナル線
MACD線を移動平均として表示したもの

ヒストグラム
MACDとシグナル線のかい離を表したもの

MACDを表示したチャートを見る

〈日経先物225　日足　2020年2月～8月〉

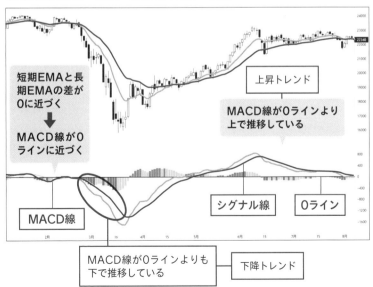

短期EMAと長期
EMAの差が
0に近づく
↓
MACD線が0
ラインに近づく

上昇トレンド

MACD線が0ラインより
上で推移している

シグナル線　0ライン

MACD線

MACD線が0ラインよりも
下で推移している　下降トレンド

MACD線のあとにシグナル線が反応する

　これをMACDの基礎として、次はシグナル線と併用してみましょう。シグナル線は右ページの上図の通り、「MACD線で計算される値をEMAにしたもの」です（ここでは9EMAとして表示しています）。つまり、値動きと移動平均線の関係と同様に、基本的にはMACD線が先に反応し、シグナル線があとからついてきます。

　そのため、トレンドの転換期には、MACD線が先に0ラインに向かって動き始め、シグナル線はそのあとに反応するため、上図のようにGC、DCが発生します。これらが発生することで、必ずトレンドが転換するわけではないのですが、MACDのパラメーターは「短期EMA＝12、長期EMA＝26、シグナル線＝9EMA」という設定が広く知られているため、ある程度参考にしておくべきサインだといえます。

ダイバージェンスにも注目する

　とくにトレンド化で短い移動平均線から値動きが大きくかい離している場合などは、MACD線とシグナル線を確認しておくとトレンド転換するポイントを早めに見極めることができます。

　また、MACDでもう１つ重要なのは、「ダイバージェンス（逆行現象）」です。これは右ページの下図のように上昇トレンドが発生している状況です。値動きは高値を更新しているため上昇トレンドが継続していますが、MACDを見ると高値を切り下げています。

　このように値動きと、テクニカル指標の高値安値の更新が一致しない状況をダイバージェンスといい、目先の値動きはトレンド方向に進んでいるように見えても、値動きの勢いは徐々に衰えていることを示します。ただ、発生したからといって、即トレンド転換するわけではないので注意が必要です。

MACDの「GC」と「DC」

〈ニトリHD（9843）　日足　2020年3月〜8月〉

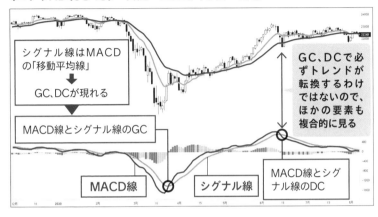

シグナル線はMACD
の「移動平均線」
↓
GC、DCが現れる

MACD線とシグナル線のGC

GC、DCで必
ずトレンド が
転換するわけ
ではないので、
ほかの要素も
複合的に見る

MACD線

シグナル線

MACD線とシグ
ナル線のDC

ダイバージェンスの発生に着目する

〈ニトリHD（9843）　日足　2020年2月〜9月〉

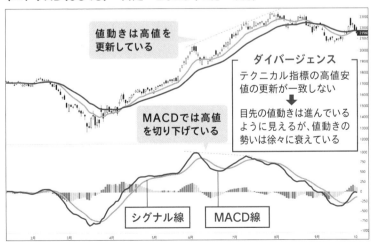

値動きは高値を
更新している

ダイバージェンス

テクニカル指標の高値安
値の更新が一致しない
↓
目先の値動きは進んでいる
ように見えるが、値動きの
勢いは徐々に衰えている

MACDでは高値
を切り下げている

シグナル線

MACD線

153

+α
11
多くの人が注目する
ポイントを見る

根拠になる要素を積極的に組み込む

　移動平均線を使った売買判断は、グランビルの法則の8つのパターンと環境認識としてダウ理論を組み合わせれば十分ですが、状況次第でほかに根拠として考えることができる要素があれば、積極的に組み込んだほうがよいでしょう。

　先ほど説明したRSIやMACDなどの別のテクニカル指標に加えて、ローソク足を組み合わせたチャートパターンや、水平線やトレンドラインなどはシンプルで使いやすいため、移動平均線をベースにした戦略にも組み込みやすくお勧めです。

「買う場面」には「水平線」に着目

　一例として、まずは水平線を使ったケースを説明していきます。

　右ページの下図は10日SMAと25日SMAを表示した日足チャートです。直近のローソク足までの環境認識としては、3月末に上方向にトレンド転換していて、Aの高値を抜けるとさらに上昇トレンドが継続しそうです。10日SMAを見ても3月末から急上昇していて、25日SMAが上方向に転換しくくれば、上昇トレンドが発生しそうです。

　したがって、ダウ理論と移動平均線だけで見ても「買う場面」ということはある程度判断できますが、ここでは相場の重要なポイントとして「水平線」に注目します。

シンプルな指標を売買判断に組み込む

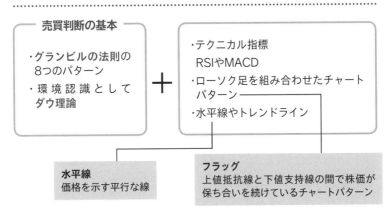

売買判断の基本

・グランビルの法則の 8つのパターン
・環境認識として ダウ理論

＋

・テクニカル指標 RSIやMACD
・ローソク足を組み合わせたチャートパターン
・水平線やトレンドライン

水平線
価格を示す平行な線

フラッグ
上値抵抗線と下値支持線の間で株価が保ち合いを続けているチャートパターン

水平線を表示したチャートを見る

〈キーエンス（6861） 日足 2020年2月～9月〉

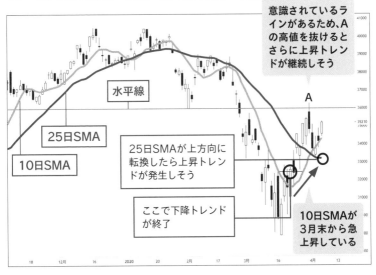

意識されているラインがあるため、Aの高値を抜けるとさらに上昇トレンドが継続しそう

水平線

25日SMA

10日SMA

25日SMAが上方向に転換したら上昇トレンドが発生しそう

ここで下降トレンドが終了

10日SMAが3月末から急上昇している

注目ポイントが決まらないときは売買を保留する

　この銘柄では水平線は2018年後半以降、支持線として機能していましたが、2020年2月以降の下落によって、今度は抵抗線として機能する可能性が考えられます（155ページの下図参照）。

　余談ですが、このラインは2019年12月の高値から2020年3月の安値の間に引いたフィボナッチ・リトレースメントにおいて重要な61.8％とも一致しています（右ページの上図参照）。つまり複数の視点から、次のローソク足以降の値動き次第で上昇トレンドが大きく進むか、それとも反転するかが決まる重要な局面かを判断できるのです。

　移動平均線を使って「買い」と判断できる場面でも、**注目すべきポイントの決着がついていない場合は、売買を保留しておくという選択肢も頭に入れておくべきです。**

相場の中で明確に意識されている要素を使う

　水平線のほかにチャートパターンの例も見ておきましょう。右ページの下図は10日SMA、25日SMA、75日SMAを表示したチャートで、2020年の4月から発生した上昇トレンドが6 ～ 7月の間で一度調整しています。75日SMAが引き続き上向きなので、8月初めの反転は75日SMA目線で買いパターン②と判断できます。ただ、6月以降の調整は「フラッグ（155ページ参照）」のチャートパターンを形成しているため、この上辺が抵抗線となって反発する可能性もあります。

　ここで買いを入れる場合は、75日SMAのパターン②ではなく、矢印のようにフラッグの上抜け後であり、25日SMAや10日SMAのパターン②や③が出るまで待つと、**複数の根拠が重なり、より期待値の高い場面といえるでしょう。**こうした移動平均線以外の判断材料は、むやみに増やしすぎてもかえって混乱を招くため、バランスが重要です。

水平線と一致するテクニカル指標

〈キーエンス（6861）　日足　2020年2月～9月〉

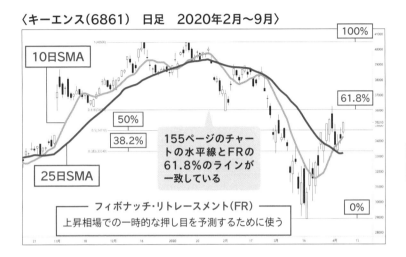

100%

10日SMA

61.8%

50%

38.2%

155ページのチャートの水平線とFRの61.8%のラインが一致している

25日SMA

0%

―― フィボナッチ・リトレースメント（FR） ――
上昇相場での一時的な押し目を予測するために使う

「フラッグ」を活用して有効な情報を得る

〈ファーストリテイリング（9983）　日足　2020年3月～9月〉

「フラッグ」のチャートパターンを形成している

フラッグの上抜け後の買いパターンを見る

フラッグの上辺が抵抗線となって反発する可能性もある

75日SMA

25日SMA

10日SMA

ここだけ見ると……

買いパターン②に見える
↓
フラッグの上抜け後に25日SMAや10日SMAの買いパターン②や③が出るまで待つ

索引

■監修プロフィール

和島英樹（わじま・ひでき）
経済ジャーナリスト

1985年、日本勧業角丸証券（現みずほ証券）に入社。1988年、株式新聞社に入社。企業へのトップインタビューやマーケット取材などを担当。2000年にラジオNIKKEIに入社。東証記者クラブキャップ、解説委員などを歴任。企業トップへの取材は延べ1000社以上。2020年6月に独立。現在のレギュラー番組は「マーケット・プレス」（ラジオNIKKEI）、「デイリー・フォーカス」（日経CNBC）、ストックボイス(MXテレビ)、「和島英樹のウィークエンド・ストック（週末株）！」（有料コンテンツ）。四季報オンライン（東洋経済新報社）、週刊エコノミスト（毎日新聞出版）、日経マネー(日経BP)、かぶたんなど寄稿多数。国際認定テクニカルアナリスト（CFTe）、日本テクニカルアナリスト協会評議委員としても活躍している。

■問い合わせについて

本書の内容に関するご質問は、下記の宛先までFAXまたは書面にてお送り
ください。なお電話によるご質問、および本書に記載されている内容以外の
事柄に関するご質問にはお答えできかねます。あらかじめご了承ください。

〒162-0846
東京都新宿区市谷左内町21-13
株式会社技術評論社　書籍編集部
「スピードマスター　株式売買で勝つための　移動平均線の読み方」質問係
FAX：03-3513-6167
URL：https://book.gihyo.jp/116

※ご質問の際に記載いただいた個人情報は、ご質問の返答以外の目的には使用いたしません。
　また、ご質問の返答後は速やかに破棄させていただきます。

スピードマスター
株式売買で勝つための　移動平均線の読み方

2021年2月27日　初版　第1刷発行

監修	和島英樹
著者	テクニカル分析研究会
発行者	片岡 巌
発行所	株式会社　技術評論社
	東京都新宿区市谷左内町21-13
電話	03-3513-6150　販売促進部
	03-3513-6160　書籍編集部
編集	伊藤 鮎
装丁デザイン	坂本真一郎（クオルデザイン）
装丁イラスト	高内彩夏
本文イラスト	植木美江
製本／印刷	株式会社　加藤文明社
執筆協力	中野佑也
編集協力	佐藤太一（株式会社ループスプロダクション）
本文デザイン・DTP	竹崎真弓（株式会社ループスプロダクション）、佐藤 修